조지 오웰 읽·기·의·즐·거·움

동물농장 · 1984년

e시대의 절대문학

조지 오웰 읽·기·의·즐·거·움
동 물 농 장 · 1 9 8 4 년

|박경서|조지 오웰|

살림

e시대의 절대문학을 펴내며

자고 나면 세상은 변해 있다.
조그마한 칩 하나에 방대한 도서관이 들어가고
리모콘 작동 한 번에 멋진 신세계가 열리는
신판 아라비안나이트가 개막되었다.
문자시대가 가고 디지털시대가 온 것이다.

바로 지금 한국은, 한국 교육은,
그 어느 시대보다 독서의 당위성을 강조하고 있다.
지난 시대의 교육에 대한 반성일 것이다.
그러나 문자시대가 가고 있는데,
사람들은 디지털시대의 문화에 포위되어 있는데,
막연히 독서의 당위를 강조하는 일만으로는
자칫 구호에 머물고 말 것이다.

지금 우리는 비상한 각오로, 문학이 죽고
우리들 내면의 세계가 휘발되어버린 이 디지털시대에
새로운 문학전집을 만들고자 꿈꾼다.
인류의 영혼을 고양시켰던 지혜롭고 위엄 있는
책들 속의 저 수많은 아름다운 문장들을 다시 만나고,
새로운 시대와 화해할 수 있는 방법론적 독서를 모색한다.

'e시대의 절대문학'은
문자시대의 지혜를 지하 공동묘지에 안장시키지 않고
디지털시대에 부활시키는 분명한 증거로 남을 것이다.

발행인 심 만 수

들어가는 글

나와 조지 오웰과의 첫 만남은 25년 전으로 거슬러 올라간다. 그러니까 내가 고등학교를 졸업하던 1979년 겨울방학 때였다. 그때 기나긴 겨울 방학을 달래기 위해 나는 페이지를 위아래 두 부분으로 나누어 세로로 깨알같이 적힌 세계문학전집을 골라 읽고 있었는데, 그 중 하나가 조지 오웰이 쓴 『1984년』이라는 작품이었다. 25년 전의 일을 어떻게 기억하느냐고 물을 수도 있겠지만, 내겐 이 소설에 대한 특별한 기억이 하나 있다.

나는 이 소설을 끝까지 읽으면서 궁금한 점이 하나 있었다. 그것은 오세아니아의 당의 정점에 있는 최고 권력자의 이름인 '대형'에 관한 것이었다. '대형'이 도대체 무슨 뜻인지 몹시 궁금했다. 원작에는 어떻게 씌어 있기에 '대형'으로 번역해 놓았을까. 아무튼 그 책을 다 읽는 순간, 그 뜻도 모른 채 전율스러운 '대형'이라는 이름이 나의 머리에 완전히 각인되어버렸다. 한참이 지난 후에야 나는 '대형'이라는 이름이 '빅브라더(Big Brother)'라는 사실을 알았다.

'대형'은 그러니까 '큰형'이나 '큰형님'이라는 뜻이었다. '대형'이라는 말 옆에 한자라도 적어놓았더라면 그렇게 마음고생은 하지 않았을 텐데 말이다. 지금 생각하니 그냥 '빅브라더'라고 했더라면 좋았을 걸 왜 한자어로 번역했는지 이해가 되지 않는다. 아무튼 그 일로 인해서 『1984년』은 나에게 의미 있는 작품으로 계속 남아 있었다.

나와 오웰의 두 번째 만남은 1993년 대학원 박사과정 수업시간에서였다. 거기서 나는 다시 한 번 『1984년』을 읽었다. 물론 원서를 가지고 작품 분석을 해가며 꼼꼼히 읽었다. 그것이 계기가 되어 나는 오웰 연구로 박사학위를 받게 되었고, 지금까지 오웰을 내 가까이에 두고 있다.

이 책은 영국의 작가 조지 오웰과 그의 대표적인 두 작품에 대한 이해를 돕기 위해 쓰였다. 이 책에서 나의 주된 관심사는 20세기 전반 영국의 모더니즘 문학의 토양 속에서 당대의 '정치 이데올로기'와 '인간의 삶'을 묘사한 '정치소설가'로서의 오웰과 그의 작품을 살펴보는 것이다. 그는 동시대의 영국 문단의 경향과는 정반대의 입장을 견지하면서 무명작가 시절부터 죽을 때까지 글쓰기에 '정치적 개입'을 끊임없이 주장하고 실천한 작가이다.

이런 측면에서 이 책에서는 오웰의 글쓰기가 왜 처음부터 그렇게 정치적이었는가, 그리고 그의 정치적 글쓰기의 의도와 목적은 과연 무엇인가를 살펴보고, 또 그의 대표작이자 가장 대중적인 정치소설이라고 할 수 있는 『동물농장』과 『1984년』을 요약하고 해설함으로써 그의 정치문학사상을 보다 쉽게 전달하려고 애썼다.

작년, 그러니까 2004년 가을 나는 낯선 사람으로부터 한 통의 전화를 받았다. 그분은 가정주부라고 하면서 나에게 조지 오웰이라는 작가에 대해 자문을 좀 구하고 싶다고 했다. 사연인즉 그분은 미국의 한 고등학교에 다니는 아들이 있는데 수업시간에 조지 오웰에 대해 공부하면서 오웰의 두 작품을 읽고 독후감을 작성하라는 과제를 받았다는 것이다.

그래서 자기 자식의 학업에 대한 우리나라 학부모의 가열찬 관심과 열의에 발맞춰(?) 그분 역시 여러 서점과 인터넷을 뒤져보았지만 오웰 작품이 많이 번역되어 있지도 않고 또 작가와 작품을 제대로 이해할 만한 책도 없다고 하면서, 어떤 작품을 읽어야 되며 또 어떤 주제로 독후감을 써야 될지를 물었다. 그 후의 사정은 여기서 이야기하지 않겠다. 단지 내가 말하고자 하는 것은 국내에서 조지 오웰이라는 작가와 그의 작품을 해설하거나 분석해놓은 책이 그분이 말한 대로 별로 없다는 것이다.

작가 오웰에 대한 국내의 사정은 외국과는 달리 이렇게 영미문학 학자들로부터 문학적 관심을 크게 받지 못하고 있는 게 사실이다. 그가 20세기 전반 모더니즘 문학에 철저히 반대한 별난 작가이기 때문일까. 너무 정치색이 짙기 때문일까. 아니면 문학성이 떨어진다고 오해되기 때문일까.

국내 대학 영문과에서의 문학 강의는 소위 '정전(正典)'[1]이라고 일컫는 작품을 중심으로 하고 있다. 강의도 그렇고 또 영문학자들 사이에서도 오웰의 문학적 성과를 다루는 논문이나 글은 별로 없다. 오히려 그는 『동물농장』과 『1984년』과 같은 작품으로 말미암아 우리에게 학문적으로보다는 대중적으로 더 친근한 작가로 남아 있다. 게다가 오늘날 그의 문제는 사회학자나 언론으로부터 많은 주목과 관심을 받고 있다.

우리는 오웰이라는 이름을 신문이나 그 밖의 다른 언론매체에서 심심찮게 접하게 되는데, 주로 그가 만들어낸 '빅브라더', '이중사고', '텔레스크린', '뉴 스피크(신어)' 등의 용어를 자주 만나게 된다. 몇 년 전으로 기억하는데, 한 신문에 미국의 미래학자인 데이비드 굿만이 1972년에 오웰의 『1984년』에서 예언한 137가지를 검토해 보았더니 그 중에서 80가지가 실현되었고, 1978년에 다시 비교했더니 실현된 것이 무려 100가지나 넘었다는 기사였다(지금 조사해 본다면 95% 정도는 맞지 않을까).

그리고 2004년 11월 한겨레신문에 실린 독일의 어느 주(州) 소속의 개인정보보호센터에서 일하는 얀 뮐러와의 대담기사를 보면, 독일에서는 '포에버드'라는 시민단체가 매년 '빅브라더' 상을 준다는 것이다. 그 상은 개인정보를 가장 많이 침해한 개인이나 단체에 수여되는데 작년에는 내무부 장관이 받았다는 것이다. 이렇게 오웰을 잊어버릴 만하면 그의 이름이 다시 나타나 우리들의 기억을 상기시켜 준다. 그런 식으로 오웰은 어느새 우리가 '잘 알고 있는 작가(?)'로 남아 있게 되었다.

내가 여기서 '잘 알고 있는 작가'에 의문부호를 붙인 이유는 다음과 같다. 우리들은 흔히 어느 특정 작가의 작품을 읽어보았는지 그렇지 않은지 기억이 나지 않으면서도 그 작가와 그 작품에 대해 잘 알고 있는(알고 있는 체하는) 경우가 있다. 우리는 그 작가의 작품을 먼저 읽고 난 뒤에 그 작품에 친숙해질 수도 있고, 아니면 작품은 읽어보지 않았지만 그 내용을 다른 통로(영화, 만화, 수업시간을 통해, 아니면 남한테 들었든지)를 통해 알고 있는 경우도 있다.

이런 작품들로는 언뜻 생각해도 『이솝 이야기』『탈무드』를 비롯해 셰익스피어의 『햄릿』과 『로미오와 줄리엣』, 톨스토이의 『전쟁과 평화』 등 많이 있을 것이다. 오웰의 작품들 중 『동물농장』과 『1984년』도 이 경우에 포함된다. 독자들은 작품을 직접 읽어보지 않고 그런 식으로 내용을 알고 있는 경우가 많은데, 그들은 내용을 알고 있다는 이유로 그 소설을 읽어보았다는 착각에 빠진다. 작품 내용을 알고 있는 것과 작품 자체와 그것에 대해 쓴 해설을 읽어봤다는 것은 다르다.

특히 오웰의 경우 그의 이름과 더불어 위의 두 작품은 워낙 유명하다보니 읽어본 독자들도 많겠지만, 각색된 형태의 다른 매체(특히 『동물농장』의 경우 만화)를 통해 그 내용을 알고 있는 경우가 많다. 이런 독자들 중에는 『동물농장』을 동물들이 등장하는 재미있고 우스꽝스러운 아동도서, 스탈린주의의 잔혹성을 그린 우화, 심지어 지식인들조차도 공산주의를 비판하고 냉전시 반공 이데올로기를 조장시킨 작품으로, 『1984년』을 미래 전체주의 사회를 예언한 예언소설로, 그리고 오웰을 우화작가나 예언가 정도로 이해하는 경우가 많다.

평소에 오웰에 관한 기본서의 필요성을 절감하고 있었던 터에, 나는 살림출판사의 원고 청탁에 기쁜 마음으로 선뜻 동의하게 되었다. 내가 이 책을 쓰게 된 동기는 오웰 작품을 읽지 않고 그저 어렴풋이 알고 있거나 오해하고 있는 독자들, 아니면 작품은 읽었으되 그의 문학사상과 작품의 참된 의미를 알아보고자 하는 독자들에게 오웰에 대한 정확한 이해를 제공하기 위한 것이다.

우리나라에서 오웰에 대한 관심은 문제의 해인 1984년에 절정을 이룬 후 시들해지다가 최근 들어 다시 주목을 받고 있다. 오늘날 그의 작품은 청소년들이 읽어야 할 필독서로 선정될 정도이다. 오웰은 인간이 인간을 억압하는 모든 형태의 이데올로기나 사회를 거부하고 거기에 과감히 맞선 작가이다.

그리고 그는 전체주의를 증오하고 하층민들 편에 서서 그들의 입장을 옹호하면서 평생을 살아왔다. 복잡하고 삭막한 오늘날의 사회가 더욱 복잡해지고 비인간화로 치닫고 있을수록 우리는 오웰을 더욱 주목하게 될 것이고, 그의 문학사상에 더 많은 관심을 가질 것이다. 왜냐하면 그의 작품들은 당대 사회의 정치를 비판하고 미래의 암담한 사회를 그려 준엄한 경고를 내리고도 있지만, 그 속에 인간들의 삶과 그들의 미래를 걱정하는 오웰의 따뜻한 인간애가 숨쉬고 있기 때문이다. 오웰이 던진 문제는 동시대를 초월해 현재도 계속 유효한 것으로 현재의 삶을 사는 우리들이 해결해야 할 절실한 문제로 다가온다.

이 책은 크게 3부로 나뉘어 있다. 1부는 작가 및 작품론으로 오웰의 삶과 작품 활동을 다루고, 그의 문학관을 설명하였다. 그의 삶은 연대기 순으로 엮었으며 『동물농장』과 『1984년』의 등장인물 및 작품 해설을 담았다. 2부에서는 두 작품의 리라이팅을, 3부에서는 더 읽어볼 책과 작가의 연보를 실었다. 독자들은 이 책 한 권으로 작품도 읽고 그의 문학적 삶과 해설까지 접해봄으로써 오웰을 어느 정도 이해할 수 있으리라 믿는다. 나아가 이 책을 통해 한 문학가로서뿐 아니라 인간을 사랑하는 한 인간으로서의 오웰에 깊은 매력을 느껴 보았으면 한다. 오웰의 문학사상을 이해하기 위해서는 그의 생애 자체가 중요한 요소로 작용하기 때문에 '오웰의 삶과 작품'이라는 장이 좀 길어졌다.

끝으로 원고를 꼼꼼히 읽어주신 김외현 선생님과 이 책의 출판을 위해 힘써준 살림출판사 정미선 선생께 감사를 드린다.

2005년 초여름

박경서

| 차례 |

e시대의 절대문학을 펴내며   5
들어가는 글   6

1부 | 조지 오웰

1장 오웰의 삶과 작품
문학 형성기: 에릭 아서 블레어에서 작가 조지 오웰로   20
문학 성숙기: 희망의 시대, 절망의 시대   36
문학 완성기: 『동물농장』과 『1984년』을 위하여   54

2장 오웰의 정치적 글쓰기
음악회 중에 들리는 총소리   66
오웰 문학, 그 행동의 정치학   74

3장 작품론
이상적 혁명과 권력의 타락 _ 『동물농장』론   84
전체주의와 인간의 운명 _ 『1984년』론   108

조지 오웰 읽·기·의·즐·거·움
George Orwell

2부 | 리라이팅

동물농장   132
1984년   157

3부 | 관련서 및 연보

조지 오웰 관련서   198
조지 오웰 연보   202

주註   210

1 조지 오웰

작가의 삶과 작품이 오웰이라는 작가만큼

그렇게 서로 큰 연관성을 맺고 있는 작가도 드물 것이다.

버마에서의 제국주의 경찰 생활, 런던과 파리에서의 뜨내기 생활,

위건에서의 노동자 생활, 그리고

의용군으로서 스페인 내전 참전 등에 이르기까지

그가 경험하고 체험한 일련의 사건들과 사실들이

그의 대부분의 작품에 고스란히 반영되어 있다.

오웰 문학은 인류의 삶이란 정치적 행위로 영위되어 왔고

앞으로도 그럴 것이며, 따라서 개인적 인간의 삶도 원하든 원치 않든

정치와 무관할 수 없다는 보편적 결론에 도달하게 된다.

그런 이유로 그는 '행동하는 지성인',

그의 문학은 '정치 문학'이자 '실천의 문학'이라고 불리게 된다.

1장 — 오웰의 삶과 작품
George Orwell

문학 형성기: 에릭 아서 블레어에서
작가 조지 오웰로

인도에서 이튼스쿨로

　조지 오웰은 1903년 6월 25일 인도 벵갈 지역 모티하리의 한 방갈로에서 아버지 리처드 웜즐러 블레어와 어머니 아이다 메이블 리무진 사이에서 에릭 아서 블레어라는 이름으로 태어났다. 그 당시 그의 아버지는 영국 행정부 산하 공무원으로 인도에 파견되어 아편 생산을 감독하는 3급 아편 대리인의 직책을 맡고 있었다. 그 당시 대영제국의 지배를 받던 인도는 아편을 중국에 팔아 막대한 이득을 챙기고 있었던 시기였다. 이런 아버지의 직업에 대해 오웰은 1947년에 쓴 한 짧은 글에서 그저 '영국 행정부의 관리' 정도로만 적고 있을 뿐 더 이상 구체적으로 언급한 적이 별로 없다.

에릭이 두 살이고 누나 마조리가 여섯 살이 되던 1904년, 에릭의 어머니는 남편을 인도에 남겨두고 마조리와 에릭을 데리고 영국으로 돌아온다. 영국 식민지에 있는 영국 아이들은 여섯 살이 되면 본국에서 교육을 받도록 되어 있

벵갈의 모티하리에서 에릭 블레어와 어머니 아이다 블레어(1903년). 생후 6주 만에 찍은 사진.

었기 때문이다. 그의 아버지는 정년퇴임하기까지 아직 7년이 더 남아 있었다. 에릭의 가족은 옥스퍼드 주(州)의 헨리 온 템스에서 새 가정을 꾸렸고, 여기서 그의 어머니는 1907년 막내 에이브릴을 출산한다. 그의 어머니는 남편이 1912년 귀국할 때까지 인도에서 부쳐주는 돈으로 세 명의 아이들을 혼자 키우며 생활한다.

에릭에게 헨리에서의 생활은 그다지 재미있지는 못했던 것 같다. 그는 한편으로는 아버지가 집에 없었기 때문이기도 했고, 다른 한편으로는 같이 놀 또래 친구들이 별로 없었던 탓으로 혼자 보내는 시간이 많은 외로운 아이였다. 그가 두 살 때 아버지와 헤어진 후 네 살이 되었을 때 불쑥 집에 한 번

왔다가 어느 날 갑자기 사라진 후 4년 동안 보이지 않았으니, 어린 시절 아버지에 대한 기억은 있을 수가 없었을 것이다.

에릭의 어머니는 아들이 남달리 총명하다는 사실을 알고 이튼스쿨이나 다른 명문학교에 많이 보내는 그런 예비학교에 아들을 보내고 싶었다. 그래서 아들을 1911년 여름 세인트 시프리언스에 입학시켰다. 그는 이곳에서 5년을 보냈는데 그의 학창시절은 그리 즐겁지 못했다. 이 학교는 강인한 인물을 양성시킬 목적으로 학생들에게 엄격한 기숙생활을 강요하고 있었다. 학생들은 매일 아침 학교 수영장의 차가운 물속에 뛰어 들어가야 했으며, 밤에는 기숙사에서 잡담이라도 하지 않나 싶어 사감이 복도를 돌아다녔다.

오웰은 여러 글에서 세인트 시프리언스를 일류 예비학교로 위장된 '포로수용소'라고까지 비난하고 있는데, 교장은 오만함과 독선으로 가득 차 있고, 교육은 사실만을 주입시키는 기계적인 냉혹한 과정이라고 묘사하고 있다. 헨리에서 혼자 있기를 좋아하던 내성적인 아이가 여덟 살 때 처음 집을 떠나 접한 이런 낯선 환경은 그가 감내하기에 벅찼을 것이다. 이렇게 세인트 시프리언스에서의 생활은 에릭에게 기억하기 싫은 고통스러운 경험으로 평생 남게 된다. 말년에 오웰은 그 학교를 다시 가보려고 했지만 1939년 화재로 일부 건물을 제외하고 몽땅 잿더미로 변했다. 그 후 그 학교는 다시 재건되지 않았다.

어쨌든 에릭은 별다른 문제 없이 괜찮은 성적으로 학교를 졸업해 열네 살이 되기 한 달 전에, 영국의 모든 결혼한 여성들이 아들을 낳을 경우 보내고 싶어한다는 이튼스쿨에 국왕 장학생으로 입학한다. 그는 이 학교에서도 완전히 만족했다고는 볼 수 없지만, 그래도 세인트 시프리언스와는 완전히 다른 환경이었다. 고풍스러운 건물, 템스 강변, 근처의 모든 지역을 내려다보는 윈저성의 탑 등이 우선 그에게 신선함과 안정감을 주기도 했지만, 더 반가운 것은 자유로운 분위기 속에서 학업을 할 수 있다는 사실이었다.

1948년 한 신문에 기고한 글에서 그는 '소년들 각자가 자신의 개성을 계발할 수 있는 좋은 기회를 마련해준 그럭저럭 견딜 만하고 개화된 분위기'라고 쓴 적이 있다. 아무튼 이곳에서 보낸 자유로운 4년의 세월은 오웰이라는 작가가 탄생되기 위한 기초적 문학소양을 형성케 되는 중요한 발판이 된다.

그는 '나는 왜 쓰는가'에서 "여러 가지 이유로 나는 다소 외톨이였고 또 무뚝뚝한 면이 있어, 학창 시절 학우들 사이에서 별로 인기가 없었다. 외톨이 어린이가 항상 그러하듯 나는 이야기를 지어내기도 하고 상상으로 만들어낸 인물들과 대화를 나누는 습관이 있었다."[2]고 밝히고 있는 대목에서도 충분히 짐작할 수 있듯이, 에릭의 내성적 성격과 혼자 있기를 좋아하는 것이 결국 작가로서의 문학적 토대를 형성케 해주는 중요한 역할을 했다.

대영제국의 하인

영국의 모든 어머니들이 자기 아들을 이튼스쿨에 보내고 싶어하는 이유는, 이튼을 졸업한 학생들은 거의 대부분 자연스럽게 옥스퍼드대학이나 케임브리지대학으로 연결되기 때문일 것이다. 그러나 에릭은 학업 성적이 썩 좋지 않아 이 두 대학으로부터 장학금을 받을 가능성이 거의 없었다.

그의 어머니는 어떻게 해서든지 에릭을 계속 공부시키려 했으나 아버지는 탐탁지 않게 생각했다. 자신이 받고 있는 연금으로 가족이 겨우 생활하고 있는데 다시 그것을 쪼개서 아들의 학비를 부담할 수 없었다. 경제적 문제가 가장 컸지만 또 다른 이런저런 이유로 에릭은 대학 진학을 포기하고, 인도제국경찰직에 지원해 열아홉 살 때인 1922년부터 인도의 오지로 알려진 버마에서 경찰생활을 시작한다.

그가 왜 하필 '제국주의 경찰'을 택해 낯설고 머나먼 버마까지 왔을까. 그저 머나먼 식민지에서 백인 경찰관으로서 지배자의 우월성을 과시해보고 싶은 욕구 때문이었을까. 아니면 조지 오웰이라는 대작가가 되어야 할 그의 운명 때문이었을까.

당시는 영국의 많은 젊은이들이 아시아와 아프리카에 목가적 이상향을 건설하겠다는 꿈을 가지고 식민지 국가에 몰려들던 때였다. 제국주의 건설자로서 소위 '백인의 짐'[3]에 고무받고 키플링식[4]의 이국 취미에 빠져 있던 젊은이들이 많았다.

우리나라의 경우 일제강점기 때 일본인 순사가 허리에 칼을 차고 식민지 조선의 거리를 폼 재며 걷는 그런 모습을 상상해보자. 아니면 해방 후 한반도에 들어온 미군들이 뒤따라오는 벌거벗은 코흘리개 어린이들에게 묘한 미소를 띠며 껌과 초콜릿을 던져주는 모습을 돌이켜보자. 그들은 분명 지배자로서의 우월감을 한껏 만끽하고 있었을 것이다. 이처럼 영국의 젊은이들은 식민지 국가에서 지배자로서 살고 싶은 충동을 한 번쯤 느껴보았을 것이다.

그러나 블레어의 경우 그런 이유는 아니었을 것이다. 그가 버마에서 보낸 세월 동안 지배자의 우월성을 드러내는 행동이나 감정적 표현 따위는 알려진 게 전혀 없고, 오히려 자신의 직업에 대해 환멸을 느꼈을 뿐이었다는 데서 충분히 짐작이 간다. 그가 그 직업을 택한 이유는 현실과 낭만이 서로 복합적으로 작용한 게 아닌가 싶다. 대영제국의 봉사에 평생을 바친 그의 아버지의 영향도 무시할 수 없었고, 어차피 직업을 가질 바에야 젊은 독신 남성에게 수입도 괜찮고 명예도 높은 쪽을 택했을 것이고, 또 한편으로 보면 이튼스쿨에서 길러진 문학적 상상력에 힘입어 자신이 태어난 동양에 대한 일종의 낭만적 향수, 즉 현실적 삶을 벗어나 동양의 이국적 삶을 느껴보고 싶어하는 순수한 감정이 작용했을 것이다.

피식민지 원주민들에 대한 블레어의 시각은 처음부터 이런 것이었다. 1922년 10월 27일 블레어는 드디어 리버풀을 떠나 랭군으로 가는 기나긴 여정에 오른다. 그가 탄 배가 수에즈 운하와 홍해를 거쳐 마침내 인도양에 접어들어 실론에 다다랐을 때였다. 그때 그는 한 원주민이 지배자에게 얻어맞는 장면을 처음으로 목격한다. 하급 노동자 한 명이 무거운 양철 상자를 힘겹게 배에서 내리고 있는데, 한 백인 경찰관이 그에게 다가와 일을 더디게 한다며 발길질을 하는 것을 보았다. 이 장면을 보고 블레어는 기분이 상했지만 더 속상한 것은 백인 승객들 중 아무도 그런 야만적 행위에 관심을 두지 않았다는 점이었다. 후에 그는 어느 신문에 "근처에 있던 백인 어느 누구도 당연한 듯 아무런 느낌도 받지 않았다. 그들은 백인이었고 그 흑인 노동자는 인간 이하, 다른 종류의 동물이었다."[5)]고 그때의 심정을 토로한 적이 있다.

버마에 도착한 후 첫해 동안 블레어는 맨덜레이에 있는 경찰학교에서 과정을 마치고 본격적인 경찰관으로서의 생활을 하게 된다. 그러나 그 후 그는 줄곧 자신이 택한 직업은 그에게 도저히 맞지 않는다는 사실을 끊임없이 느껴왔다. 제국주의 경찰은 애초부터 그에게 어울리는 직업이 아니었다. 버마

맨덜레이 경찰훈련학교 시절의 블레어(뒷줄 왼쪽에서 세 번째에 서 있는 사람, 1922년). 블레어는 이 학교를 졸업하고 버마에서 1927년까지 경찰생활을 한다.

에서 해를 넘길 때마다 그는 영국 식민주의자들이 원주민들에게 가하는 폭력성과 억압성을 목도하게 되어 제국통치라는 제도가 완전히 잘못된 것임을 인식하고, 자신은 그런 직업을 잘못 선택했다는 생각이 더해 갔다. 이렇게 그는 백인으로서 일종의 죄책감에 사로잡혀 고통의 나날을 보내고 있었지만 그것을 밖으로 토로하지 못하고 감추며 살았다. 왜냐하면 식민지 국가에 머물고 있는 백인들에게 언론의 자유란 용납될 수 없는 것이었다.

위에서 잠깐 언급한 키플링의 이야기에 나오는 등장인물들처럼 인도의 백인 식민주의자들은 누구 하나 '제국주의'라는 제도를 비난할 수도 없고 피식민주의자를 편들어서도 안 되었다. 그렇게 했다간 소위 따돌림을 당하거나 직장에서 쫓겨날 수 있기 때문이다. 따라서 블레어는 틀림없이 자신의 이런 반제국주의적 시각을 밖으로 드러내지 못하고 5년 동안 전전긍긍하면서 보냈을 것이다. 그는 이런 자신의 심정을 1934년에 출간된 『제국은 없다 Burmese Days』에 나오는 주인공 플로리의 갈등을 통해 여실히 드러내고 있다.

"이곳은 살기에 답답하고 숨막히는 세계이다. 모든 말과 생각이 억압당하는 세계이다. …… 자유롭게 술을 마실 수 있고, 게으름을 피울 수 있고, 남을 욕해도 좋고, 여자와 놀아나도 좋다. 하지만 중요하다고 생각되는 모든 사안에 대한 의견은 지엄하신 백인 나리들인 푸카 사히브[6]의 법규에 의해 통제되는 것이다."[7]

실천적 작가로서의 오웰

블레어가 버마에서 머문 것은 결과적으로 대영제국주의에 대한 증오와 원주민들에 대한 따뜻하고 인간적인 애정으로 이어진다. 그의 반제국주의적 시각은 위에 언급한 소설 『제국은 없다』에 상세히 담겨져 있을 뿐 아니라 그가 쓴 두 편의 빼어난 수필인 「교수형 Hanging」과 「코끼리를 쏘다 Shooting an Elephant」에도 리얼하게 묘사되어 있다.

그렇다고 본다면 그의 버마행은 그의 문학적 세계관을 마련하기 위한 운명적 선택이라고 말해도 지나치지 않을 것이다. 그 이유는 버마에서의 체험이 블레어의 인생관을 완전히 바꾸게 되는 원인을 제공했고, 나아가 오웰이라는 정치작가의 탄생을 예고하는 중요한 발판이 되었기 때문이다.

마침내 1927년 휴가차 영국에 온 블레어는 제국주의 경찰을 그만두기 위해 그 해 가을 사표를 낸다. 나중에 그는 "나는 제국주의뿐 아니라 인간이 인간을 지배하는 모든 형태로부터 도피해야 한다고 느꼈다."[8]고 그때 가졌던 괴로운 심정을 밝히고 있다. 버마에서 보낸 세월은 그에게 엄청난 죄의식으로 다가왔고 그 죄의식으로부터 탈피하고자 몸부림쳤으며, 결국 그가 선택한 것은 길고도 힘든 문학의 길이었다.

그의 아버지는 아들이 1927년 당시 연봉 600파운드에 달하는 직장을 버리는 것을 보고 납득할 수 없었을 것이다. 그러나 블레어가 작가의 길을 택하고자 한 결심은 확고부동한 것이었다.

블레어는 1927년 초겨울 런던의 난방이 되지 않는 어느 싸구려 하숙집 방에 웅크리고 앉아 입김으로 두 손을 녹여가며 글을 쓰고 있었다. 그리고 그는 빈민가의 생활을 경험하기 위해 거지같이 옷을 입고 뜨내기로 가장해 이스트엔드[9]를 어슬렁거리며 하층민들과 어울리고 빈민굴을 돌아다녔다. 그의 이런 행동은 문학 활동을 염두에 둔 것이기도 했지만, 가난한 사람들의 실제 삶 속에 들어가 봄으로써 그들이 어떻게 살고 있는지 진정 알고 싶었으며, 그들의 고통과 경험을 함께 나누고 싶었기 때문이었을 것이다.

이후 하층계급의 사람들에 대한 오웰의 애정은 우리가 이해할 수 없을 정도로 각별했다. 그의 하층민에 대한 사랑은 마치 한국의 장남들이 짊어지고 있는 '가족에 대한 의무감'처럼 항상 어떤 의무감에서 비롯되었던 것 같다. 중산층 출신임에도 불구하고 그는 이상하게도 하층계급 사람들을 만나면 자신이 하층민이 된 듯, 그들과 거리낌없이 어울리고, 그들의 편에 서서 그들의 권익을 보호해 주려고 몸부림치고 있다는 사실이 그가 쓴 여러 글에 여실히 드러나 있다. 그는 그들이 겪는 고통을 함께 나누고 싶었고 또 그것을 세상 사람들에게 알리고 싶었다.

런던에서 어느 정도 문학적 경험과 소양을 쌓았다고 생각한 블레어는 헤밍웨이를 비롯한 1920년대의 야심 찬 젊은 작가들이 인생과 문학을 논하기 위해 프랑스 파리에 모여들었던 것처럼, 1928년 봄 파리로 건너가 포 드 페라는 거리에 있는 한 허름한 호텔의 작은 방 하나를 얻는다. 그는 무명작가에다 성격이 내성적이고 소심한 탓에 문학적 사교모임 같은 데는 참석하지 않았다. 심지어 한 카페의 테이블에 20세기 최고의 영국 소설가라 할 수 있는 제임스 조이스가 앉아 있는 것을 보았지만 자신이 없어 그에게 말 한마디 붙여보지도 못했다.

작가로서의 첫 출발

오웰은 자신의 문학 활동의 첫 결실이라 할 수 있는 글이 1928년 파리에서 처음으로 인쇄되는 것을 보게 된다. 「영국에 대한 비판」이란 글이 10월 6일자 『몽드』지(誌)에 실렸다. 그리고 그 해 12월 29일에는 『G.K. 위클리』지에 「싸구려 신문」이 실려, 그의 글이 처음으로 영국에서 선보이게 된다. 그는 프랑스에서 돌아온 후 이렇다 할 직장이 없이 사우스월드에 있는 부모님 집에 기거하면서 『어델피』지에 글을 기고하고 있었다.

1930년 여름, 어느 날 그는 자신의 문학 활동의 길을 성공적으로 터주게 될 메이블 피어즈라는 문학을 사랑하는 한 여성을 만나게 된다. 그녀는 남편인 프랜시스와 함께 휴가 차 사우스월드에 왔다가 블레어를 우연히 만나게 되어 그와 친하게 된다. 그녀는 블레어를 자신이 알고 있는 레너드 무어라는 문학 대리인을 연결시켜 주기도 하는 등 그의 문학 활동을 돕게 된다.

블레어는 1930년부터 쓰기 시작한 한 원고를 1931년 여름 조나단 케이프 출판사에 보냈다. 그는 1930년에 같은 출판사로부터 '너무 짧고 단편적이다.'는 이유로 거절당한 바 있었는데 이번에도 또 거절당했다. 낙심한 블레어를 보고 『어델피』의 리처드 리스 경(卿)은 페이버 앤드 페이버사의 편집장인 T.S. 엘리엇에게 그 책을 추천해 주겠다는 약속을 했다.

엘리엇에게 원고를 보낸 후 블레어는 좋은 소식이 오기만을 기다렸다. 하루 이틀이 지나 몇 달이 지나갔다. 자신이 쓴 최초의 소설 원고가 두 번이나 퇴짜를 맞은 후 다시 다른 출판사에 보내놓고 기다리는 그 심정은 오죽했을까. 자신의 소설이 출판되어 모든 서점의 서가에 꽂혀 있는 것을 상상하기만 해도 즐겁지 않겠는가. 결국 그는 기다리기에 지쳐 엘리엇의 사무실에 직접 전화를 걸어 어떤 결정을 내렸는지 물어보았다. 그런데 엘리엇으로부터 원고를 아직 읽어보지 못했다는 것과 조만간 '그 원고를 한번 볼 것'이라는 대답만 들었다.

며칠 후 한 통의 편지가 도착했다. 흔히 거절하는 투의 상투적인 문구가 이렇게 적혀 있었다. "우리가 보기에 귀하의 원고는 흥미는 있으나 모험적으로 출판해볼 만한 것 같지는 않습니다." 아! 오랜 기다림이여! 얼마나 마음 졸이며 기다려 왔던가! 그의 기대는 다시 한 번 물거품이 되는 순간이었다. 이에 상심한 블레어는 피어즈 집을 찾아가 그 원고를 메이블에게 건네주면서 "종이집게만 남겨두고 그 원고 몽땅 버리세요."라고 말했다.

그러나 메이블은 원고를 버리라는 블레어의 성화에도 아랑곳하지 않고 자신이 직접 출판사를 알아봐야겠다고 생각했다. 1932년 메이블은 레너드 무어의 사무실에 가서 그에게 원고를 보여주었다. 그러나 사실 그때 블레어는 출판을 거의 포기한 상태였다. 어떤 출판사에서도 긍정적인 답변이 올 것이라고 기대하지 않았다. 그해 4월 런던 외곽지 헤이즈에 있는 호손스 남자 고등학교에서 교사로서 생활을 했다.

에릭 블레어에서 조지 오웰로

그 학교에서 첫 한 학기를 마칠 때쯤 무어로부터 뜻밖의 소식이 왔다. 빅터 골란츠라는 출판사가 그 책을 출판하기로 결정했다는 것이었다. 블레어는 찬밥, 더운밥 가릴 처지가 못 되었다. 그 출판사가 요구하는 대로 계약을 했다. 원고료는 고작 40파운드였다. 블레어에겐 어디 돈이 문제였겠는가. 한때 포기했던 원고가 되살아나 한 권의 책으로 출판되는 것만으로도 무명작가로서는 크나큰 성취감이 아니겠는가.

그리고 그들은 1933년 초에 출판 날짜를 잡고 작가가 무명인 관계로 출판사는 그에게 필명으로 낼 것을 요구하고 필명을 정하라고 말했다. 블레어는 이에 반대하지 않았다. 골란츠는 필명을 처음에 'X'라고 정했다. 그리고 소설 제목을 『파리와 런던에서의 밑바닥 생활 *Down and Out in London and Paris*』로 정했다. 문제는 필명이었다. 블레어는 골란츠가 정해준 'X'라는 이름은 아무 의미도 없어 다른 이름으로 바꾸기로 했다. 그는 이것저것 이름을 써놓고 비교해 보았다. P.S. 버턴,

케네스 마일즈, 조지 오웰, H. 루이스 올웨이스 중 마음에 드는 것은 조지 오웰이었다.

1940년 친구인 소설가 레이너 헤픈스톨에게 보낸 편지에서 그는 "나는 30년이나 걸려서야 에릭이라는 이름으로 불리지 않게 되었다."[10]고 적고 있다. 이제 에릭 아서 블레어에 의한 짧은 출판의 역사는 사라지고 새로운 소설가 '조지 오웰'의 생애가 시작되는 역사적 순간이었다.

이 소설이 출판되자 『선데이 익스프레스』지에서 '금주의 베스트셀러'로 선정되었으며, 『타임 앤드 타이드』지는 '흥미 있는 것은 조지 오웰의 경험뿐 아니라 조지 오웰 자신도 흥미롭다.'는 논평을 실었다. 이 소설은 앞에서도 언급했듯이 오웰이 런던과 파리에서 뜨내기로서 방랑생활의 체험을 바탕으로 쓴 작품이다. 구빈원,[11] 구세군 보호소, 무료 급식소 등 작가가 체험한 가난의 극한 상황이 리얼리스틱하게 묘사되어 있다.

그는 이 소설에서 파란 실크 드레스를 입고 목에 십자가를 건 부인네들이 극빈자들의 가난이 마치 죄악이라도 되는 것처럼 죄 많은 영혼을 구하는 시늉을 하며 도와주는 그런 형식적 자비심을 비판하고 있다. 그리고 이 소설에서 시사해주는 하나의 교훈은 비록 사회가 가난한 자신을 경멸하더라도 스스로 자신의 가난을 경멸해서는 안 된다는 것이다. 자신에 대한 존경심을 상실하는 것이야말로 가난보다 더 나쁜 운명으로 간주하고 있다.

문학 성숙기: 희망의 시대, 절망의 시대

반제국주의자 오웰

오웰은 『파리와 런던에서의 밑바닥 생활』이 썩 많이 팔린 것도 아니고 고료도 많지 않았지만 여러 신문에서 그런대로 호평을 받아 문단에 자신의 이름을 겨우 올릴 수 있었다. 그러나 오웰은 현실적으로 아직 고등학교 교사이며 그것으로 생계를 유지했다. 이 소설 이후 그는 인도 제국경찰로 근무하던 마지막 몇 달 동안 구상해 왔던 『제국은 없다』라는 두 번째 소설을 쓰기 시작했다. 그는 빅터 골란츠사가 출판해 주기를 내심 바라면서 원고를 계속 써내려 갔다.

1933년 12월 초 오웰은 이 소설의 400여 장이나 되는 원고의 마지막 페이지를 채우고 그것을 무어에게 보여주었다. 그러나 너무 무리한 탓이었을까. 원고를 끝낸 지 며칠 후 오웰은 네 번째 폐결핵 징조로 억스브리지 카티지 병원에 입원을 한다. 거기서 의사로부터 '이제 더 이상 가망이 없다.' 는 통보를 받았다. 운이 좋아 회복은 했지만 교사생활은 그만둔다. 그가 병원에서 퇴원하자마자 골란츠사로부터 출판이 어렵다는 소식을 접한다. 이유는 이 소설의 문학성 때문이 아니라 정치적 내용 때문이었다. 이 소설에 관련해서 법 소송에 휘말려들 가능성이 있다는 것이었다.

그러던 차에 미국의 하퍼스사(社)로부터 오웰과 함께 일하고 싶다는 연락이 왔다. 하퍼스사는 원고를 검토한 후 내용의 일부를 약간 수정하면 출판이 가능하다는 제의를 했다. 약간의 수정을 거쳐 1934년 10월 25일 출판되었다. 이 소설에 대한 좋은 서평들이 나왔고 판매 부수도 1500권 정도 예상했지만 3000권이나 팔렸다.

『제국은 없다』의 주인공 플로리는 작가 자신을 직접적으로 가리키는 것은 아니지만 오웰의 시각을 그대로 대변하고 있는 인물이다. 앞서 설명했듯이 이 작품은 작가가 '인도제국경찰' 로서 버마에서 목격하고 경험한 것을 바탕으로 쓴 소설로, 제국주의가 지배자와 피지배자 모두에게 끼치는 악영향에 대한 묘사이다. 제국주의의 허구성을 증오하고 식민주의자들에 대해 심한 반감을 가지고 있지만, 그것에 정면으로 맞서지도 못하고, 그렇다고 탈출하지도 못하는 절망적 삶을 사는 플로리라는 인물의 삶을 그리고 있다.

제국주의의 본질에 대한 작가의 태도는 플로리의 유일한 친구인 원주민 의사 베라스와미라는 인물을 통해 구체적으로 제시되어 있다. 이들이 나누는 대화의 이면에 숨겨진 아이러니는 자신의 제국을 비난하고 인도 지배의 어리석음을 말하는 자는 식민주의자요, 그것을 옹호하는 자는 원주민이라는 사실이다.

작가는 이들의 논쟁을 통해 대영 제국주의를 키플링의 '백인의 짐'으로 묘사되는 인류문명의 구제가 아닌 '자본과 폭도의 결합'으로서 원주민들에 대한 착취로 간주하고 있다. 여기서 자본이란 부유한 대영제국을 의미하며 폭도란 식민지 국가에서 신사놀음을 즐기는 백인들이다.

식민지에서 얻은 경험들

오웰이 버마에서 겪은 경험담은 『제국은 없다』에서 소설로 형상화되었을 뿐 아니라 앞서 언급한 두 편의 수필 「교수형」과 「코끼리를 쏘다」에서도 사실적으로 묘사되어 있다. 우선 「교수형」은 한 원주민이 교수대로 끌려가는 모습과 그 짧은 시간 동안 일어나는 사건을 통해 인간의 심리를 교묘하게 묘사한 사실적 수필이다. 이 사실적인 묘사는 한 생명이 파괴

될 때 사라지는 것들에 대해 우리가 절실히 느끼도록 해준다.

작가는 갈색 등이 구부정하게 휘어 있고 우수에 젖은 눈빛을 띤 죄수의 걸음걸이를 관찰한다. 그런데 그 죄수가 자신이 곧 처형될 것이라는 사실을 잊은 듯 신발에 물이 젖지 않도록 물웅덩이를 피하려고 발걸음을 옆으로 가볍게 옮기는 모습을 보고, 작가는 한 인간의 생명을 앗아가는 말할 수 없는 부당함을 보았다고 적고 있다.

"그 순간까지 나는 건강하고 의식 있는 한 인간을 파괴하는 것이 무엇을 의미하는지 깨닫지 못했다. …… 그의 뇌는 여전히 기억하고 예견하고 추리한다. 비켜간 웅덩이에 대해서까지 생각하고 있다. 그와 우리는 함께 걷고 똑같은 세상을 보고 듣고 느끼고 이해하는 일행이다. 그런데 2분이 지나면 순식간에 우리들 중 한 명이 가버릴 것이다. 한 정신이 줄어들면 그만큼 세상이 좁아진다."[12]

「교수형」이 인간이 또 다른 인간의 생명을 앗아가는 식민 지배자들의 비정한 면을 그린 것이라면, 「코끼리를 쏘다」는 소설과 수필의 중간 형태로 박진감 넘치는 사실적 표현을 통해 백인 지배자들의 권위의식이 얼마나 헛된 것인가를 보여주고 있다. 우리를 뛰쳐나와 논에서 한가로이 풀을 뜯어먹고 있는 코끼리를 죽여야만 하는 어처구니없는 상황을 묘사하고 있다. 수많은 원주민 군중이 주변에 모여들어 백인 나리가 코끼리에 대해 뭔가 극적인 행동을 취하기를 간절히 바라고 있다. "영국 나리는 나리답게 행동해야 한다. 단호하게 보여야 하고, 결심을 하면 확고하게 일을 수행해야 한다. …… 나를 위시해 동양에 와 있는 모든 백인들의 생활은 원주민들의 비웃음을 사지 않으려고 발버둥치는 것이었다." [13]

오웰은 코끼리를 죽이지 않아도 되는데도 총을 쏘아 죽여야만 하는 자신의 행동을 두고 스스로 '제국주의의 어리석은 꼭두각시'로 비유하고 있다. 제국주의가 식민지 사람들을 노예로 만드는 것은 분명한 사실이지만, 그가 배운 더 큰 교훈은 그 제도가 주인들마저도 끝없이 노예화시킨다는 사실이었다.

오웰은 그동안 꾸준히 써온 『목사의 딸 A Clergyman's Daughter』을 완성하고 『제국은 없다』가 출판되기 몇 주 전 원고를 무어에게 보냈다. 그런 다음 파리에 살고 있는 넬리 이모의 친구가 경영하는 햄스테드에 위치하고 있는 '북러버스 코너'라는 서점에서 점원으로 일하며 서점 2층 방 하나를 얻어 그해 겨울을

오웰의 첫 번째 아내인 아일린(1938년). 그녀는 1945년 자궁제거 수술 중 심장마비로 사망한다.

보냈다. 다음해 2월 그는 장차 그의 아내가 될 나이가 서른 살에 가까운 아일린 모드 오쇼네시라는 대학원에서 공부를 하는 여성을 만나게 된다. 오웰은 1935년 여름 동안 그리니치 공원이나 교외를 함께 거닐며 그녀에게 계속 청혼했지만, 그녀는 학위를 마칠 때까지는 결혼하고 싶지 않다고 잘라 말하며 그의 청혼을 거절했다.

위건에서 보낸 두 달. 아, 위대한 광부들이여!

1936년 1월 오웰은 『엽란이여 날아라 *Keep the Aspidistra Flying*』의 원고를 골란츠사에 넘기고, 그 출판사로부터 영국 북부지방의 실업실태와 그곳의 생활환경에 대한 책을 써볼 것을 제안 받았다. 그는 골란츠와 정식 계약을 맺고 북러버스 코너의 점원 노릇을 그만두고 북쪽을 향해 두 달간의 여정의 길에 오른다.

그는 카번트리, 맨체스터, 위건을 차례로 방문했다. 위건에 도착하자 그는 실직한 광부의 집을 숙소로 삼고 노동자들과 면담을 하고 위건 도서관에서 통계자료를 수집하고 광산의 지하갱도를 둘러보았다. 그가 위건에서 수집한 광부들의 삶의 질곡이 1937년 출판된 『위건 부두로 가는 길 *The Road to Wigan Pier*』에 생생하게 묘사되어 있다.

이 소설의 제1부는 영국 북부지방의 가난한 탄광 노동자들의 열악한 노동조건과 비참한 생활상을 폭로하고, 제2부는 작가의 기본적인 정치적 입장을 밝히고 있으며 간간히 버마에서의 경험담이 들어 있다. 그는 제국주의와 계급체계를 반대하고 영국 중산 계급의 다양한 사회주의자들을 공격하면서 자유와 평등에 입각한 사회주의 건설을 강조한다.

제1부 내용 중 석탄 채굴에 대한 흥미로운 관찰이 있다. 광산에서 석탄을 캐기 위해서는 우선 승강기를 타고 수직갱도 바닥까지 내려가 다시 수평갱도를 따라 막장까지 가야 한다. 이 막장까지 가는 것은 일을 하기 위한 출근에 불과하다. 오웰은 수직갱도를 따라 바닥에 당도해 막장까지 가는 과정을 다음과 같이 묘사하고 있다.

> 몸을 굽히고 걷는 것은 처음에는 쉬운 것 같지만 곧 지쳐버린다. (중략) 반 마일 정도 걸으면 참을 수 없는 고통(결코 과장이 아니다)이 뒤따른다. 과연 끝까지 갈 수 있을까, 아니면 도대체 어떻게 다시 돌아갈까와 같은 생각이 들기 시작한다. 속도는 점점 느려진다. (중략) 그러나 결국 우리는 어떻게 하더라도 막장까지 기어간다. (중략) 마침내 지상으로 올라오면 우리는 지하에서 2마일을 3시간 동안 걸은 셈이며 지상에서 25마일을 걸은 것보다 더 피곤함을 느낀다. 1주일 동안 온 몸이 쑤시고 근육이 뻣뻣해져 계단을 걸어 내려가는 것이 무척 힘이 든다.[14]

오웰이 막장에서 본 광경은 처참하기까지 했다. 숨이 턱턱 막힐 정도로 덥고 석탄가루가 눈꺼풀 주위를 따라 새까맣게 붙어 있는가 하면 마스크를 써도 입과 코 안에까지 들어간다. 그리고 컨베이어 벨트가 덜컥거리며 돌아가는 소리가 끊임없이 들려오는데, 이 좁은 공간은 마치 기관총이 내뿜는 총소리로 진동하는 것처럼 보인다. 그러나 막장 광부들은 이런 소음에 쇠로 만든 사람처럼 무신경했고 기계처럼 끊임없이 일한다.

그는 채탄부들의 석탄 채굴 과정을 보고 우리 모두가 상대적으로 편안한 삶을 살아나가는 것은 온 몸에 석탄가루를 새까맣게 뒤집어쓰고, 목구멍까지 시꺼먼 채, 무릎을 꿇고 강철 같은 팔과 복부의 근육만을 이용해 삽질을 끊임없이 해대는 광부들 덕분이라고 생각하고 있다.

"그들은 일종의 때 묻은 그리스 건축의 여인상과 같다. 그들은 자신들의 때 묻은 어깨로 때 묻지 않은 거의 모든 것을 떠받치고 있는 것이다."[15] 작가는 광부들이 서구세계를 원활하게 움직이게 하는 대사 작용에서 토양을 경작하는 사람들 다음으로 중요한 존재라고 느끼고 있다.

물론 이 소설은 허구이고 작가의 개인적 모습이 군데군데 드러나 있지만 작가의 체험이 녹아 있는, 사실을 냉정하게 묘사한 작품이다. 위에서도 언급했듯이 작가가 하층민들을 바라보는 시각은 일반인들과는 다른 좀 유별날 정도로 애정이 깊은 것이 사실이다. 그는 중산층으로서 어떤 우월감을 지니고 한 걸음 떨어져서 바라보는 것이 아니라 하층민들의 입장이 되어 그들의 영혼까지 침투해 그들의 삶을 느끼고 싶어했고, 나아가 그러한 사실을 사람들에게 전달하고자 했다.

사회학을 전공하는 한 영국인 학생이 프랑스에 유학을 와 프랑스 사회학 교수에게, 19세기 프랑스 사회의 갈등 양상을 알고 싶은데 어떤 책을 읽으면 좋겠느냐고 물었다. 그러자 그 교수는 아무 대꾸도 없이 조용히 자리에서 일어나 자기 연구실의 서가에 꽂혀 있는 19세기 프랑스 사회의 서기를 자처한 발자크의 『농민들』[16]이라는 소설을 꺼내 그에게 건네주면서 읽어보라고 말했다는 일화가 있다.

19세기 프랑스 사회를 기술한 사회학 관련 서적이 아닌 소설 한 권을 주었다는 것이다. 그것은, 훌륭한 한 권의 소설이 그것이 쓰였던 그 시대의 사회상을 정확히 반영하고 있다는 뜻일 것이다. 그렇다면 오웰의 『위건 부두로 가는 길』은 20세기 전반기 영국 북부지방의 탄광촌과 광부들의 삶의 모습을 반영하는 하나의 훌륭한 사회 교과서가 될 것이다.

3월 30일 오웰은 북부에서 두 달을 보낸 후 런던으로 돌아온다. 돌아오자마자 그는 왈링턴으로 가서 아일린과 결혼해 살게 될 집을 구한다. 그 집의 문간방은 예전에 식료품 잡화

점으로 사용한 적이 있었다. 아일린은 그해 여름 유니버시티 칼리지에서 학위를 마칠 예정이어서 아직 결혼에 대해 구체적인 계획이 없었다. 오웰은 그 집으로 이사를 가 문간방에 식료품가게를 차렸다. 사탕을 사러오는 동네 꼬마들이 단골 고객이었다. 손님이 없을 땐 서재에 들어가 책을 썼다. 그는 거기서 『위건 부두로 가는 길』을 집필하기 시작한다. 그리고 이듬해 봄 『엽란이여 날아라』의 초판 3000부를 찍어 출판했는데 판매는 신통찮았다.

그해 5월 오웰은 드디어 아일린과 왈링톤의 교구교회에서 J.H. 우즈 목사의 주례로 결혼식을 올렸다. 그는 전통적인 영국 가치관에 따라 시골 교회에서 결혼했다. 그들은 오웰이 한 달 전에 구했던 조그만 식료품점이 딸린 집에서 신혼살림을 차렸다.

카탈로니아 전선의 군인

1936년 10월 초 오웰은 『위건 부두로 가는 길』의 초고를 끝내고 12월까지 수정 작업을 마무리할 수 있으리라 생각했다. 사실 오웰이 원고 집필 마감을 그렇게 서두른 이유는 딴 데 있었다. 그해 여름 스페인에서 내전이 발발했다. 스페인은 1936년 2월 총선을 거치면서 우파와 좌파 간의 정치적 갈등이 그치지 않고 있었다. 프랑코장군[17]은 선거를 통해 세워진 스페인 정부에 반기를 들고 군부를 중심으로 반란을 일으켰다. 내전 초부터 국제화의 양상을 띠었는데 공화파(스페인 정부)는 소련의 원조를, 군부 파시스트는 이탈리아와 독일의 지원을 받고 있었다.

오웰은 전쟁 소식을 접하고 흥분해 있었다. 그는 어떤 식으로든지 스페인에 건너가 전쟁을 가까이에서 지켜보고 싶었고, 또 때에 따라서는 전투에 참가해 파시스트를 물리치고 싶은 욕구가 솟아올랐다. 실천적 지성인으로서의 오웰의 면모가 십분 발휘되는 순간이었다. 남의 나라 전쟁에 목숨을 걸고 어느 누가 그렇게 쉽게 참여하겠는가. 그러나 그간의 삶을 미루어 보아 오웰은 충분히 그러고도 남았다. "공동의 존엄을 위해", "파시스트에 대항해 싸우기 위해"[18]라고 말한 오웰의 말을 빌리지 않더라도 오웰의 스페인 행은 확고한 인류애나 정치적 신념 없이는 불가능한 것이다.

그는 일단 스페인에 무작정 가기로 했다. 가는 것이 중요했다. 거기에 가면 언제든 스페인 의용군으로 전투에 참가할 수 있으리라. 그는 영국 좌익계 정당인 독립노동당(ILP) 관리의 추천서를 받아 쥐고 파리를 거쳐 밤기차를 타고 스페인 국경을 넘었다. 스페인에 도착한 그는 마르크스주의 통일노동자당(POUM)[19] 사무실을 찾아 POUM에 가입하고 싶다는 뜻을 밝혔다. 이렇게 해서 그는 POUM에 소속된 의용군으로 훈

스페인 내전 시 아라곤 전선에서 휴식을 취하고 있는 오웰(왼쪽에서 두 번째 오른손에 담배를 들고 있다. 1937년).

련을 대충 받고 아라곤 전선에 배치되었다.

나중에 안 일이지만 스탈린은 POUM에 대한 지원의 대가로 자신의 명령에 절대 복종을 요구했지만 POUM은 그의 명령에 순순히 따르지 않았다. 그 결과 POUM은 '트로츠키주의자'[20]로 낙인이 찍혔고 오히려 프랑코를 돕는 세력이라고까지 몰아붙여졌다. 당시 오웰은 프랑코에 대항해 싸우는 의용군은 모두 공동의 목표를 지닌 연합군으로 생각하고 있었다.

1937년 4월 얼마간의 휴가를 얻어 바르셀로나에 잠시 머문 뒤 다시 전방으로 돌아와 중위의 새 직위를 받았다. 5월 20일 오웰 중위가 모래주머니 위에 올라서서 상황을 살피려는 순간 총소리가 나더니 오웰은 쓰러졌다. 적군의 저격병이 그를 명중시킨 것이다. 총알이 그의 목을 관통했다. 그는 급히 야전병원으로 옮겨졌다. 나중에 의사가 총알이 목의 경동

맥을 약 1밀리미터 정도 비껴 지나갔다고 말하면서 천운으로 살아남았다고 했다.

오웰이 병원에서 요양을 하고 있는 동안 스페인의 정치상황은 악화일로를 치닫고 있었다. 앞서 이야기했듯이 POUM은 불법조직으로 간주되기에 이르렀고 당 지도부 간부들은 체포되어 수감되었다. 오웰은 부상으로 더 이상의 군 복무는 어려웠고 자신도 체포될 가능성이 있어 그해 6월 스페인 국경을 넘어 프랑스로 탈출했다.

사회주의적 전망

오웰이 의용군으로서 1936년 12월에서 1937년 6월까지 겪은 일련의 상황이 1938년 출판된 『카탈로니아에 대한 경의 *Homage to Catalonia*』에 연대기 순으로 자세히 묘사되어 있다. 이 소설은 '훌륭한 책이 되었을 것을 신문기사로 만들어 놓았다.'고 혹평받기도 했고, 또 르포르타주적 성격을 띤 일종의 '사실적 보고시'라는 인상이 짙게 풍긴다는 비평도 받았다. 솔직히 말해 이 소설은 위의 지적처럼 문학적 가치는 그의 여타 소설들에 비해 다소 떨어지는 것이 사실이다. 그러나 이 소설은 오웰 정치사상의 중요한 전환점을 이루는 변천과정이 그려져 있다는 점에서 의의가 있다고 할 수 있다.

이 소설에서 우리가 주목해야 할 부분은 작가는 전쟁의 이데올로기 측면이나 역사적 문제보다는 '정치현실 속의 인간 상황'을 관찰하고 천착(穿鑿)하고 있다는 점이다. 그의 관심사는 아라곤 전선에서의 혁명 정신이 깃든 인간의 삶의 모습과, 바르셀로나에서의 정치적 음모, 언론의 왜곡된 보도 등을 문학적으로 극화시키는 것이었다.

작가는 전쟁과 혁명의 변화 속에 명멸하는 인간의 모습에 대해 분명한 관점을 제시하고 있다. 아라곤 전선에서 느낀 인간의 참모습이 바르셀로나에서는 좌절된 모습으로 진행되는 과정을 통해 그는 '인간다운 삶을 구현할 사회는 이룩될 수 있는가', '인간이 추구할 진리는 존재하는가'라는 절실한 물음과 해답을 제시하고 있다.

오웰이 던진 물음과 해답은 사회주의에 대한 그의 전망과 좌절이다. 그는 스페인으로 오기 전, 1920년대에는 버마에서 제국주의가 가하는 폐해를 직접 목도하고, 런던과 파리에서는 하층민들의 삶의 질곡을 체험하고, 위건에서는 광부들의 비참한 생활상을 보고 눈물을 흘렸고, 1930년대에는 나치즘과 파시즘이 가하는 폭력을 실감하고 그것의 위험성을 예견하고 있던 터였다. 그 결과 그의 정치적 전망은 제국주의의 독재로부터 억압받는 피식민지의 민중뿐 아니라 더 나아가 자본주의의 희생자들인 영국 노동계급 쪽에 서게 된다.

나는 제국주의로부터뿐만 아니라 인간에 대한 모든 인간의 지배로부터 벗어나야 함을 느꼈다. 나는 스스로를 사회의 밑바닥에 던져져서 억압받는 사람들과 더불어 그들과 하나가 되어 독재자에 대항하여 그들의 편에 서고 싶었다. (중략) 그들이 하나의 유추를 제공했기 때문에 나는 처음으로 노동자 계급을 진정으로 인식하게 되었다. 그들은 버마인들이 버마에서 그러하듯이 영국에서 똑같은 지위에 처한 불의의 상징적 희생자들이었다.[21]

심지어 오웰은 『좌든 우든 나의 조국 My Country Right or Left』에서 1년이나 2년 이내에 영국을 변혁시킬 만한 혁명이 진행되어 "그때에는 런던의 도랑이 모조리 피로 물들 것이다."[22] 라는 도발적 발언도 서슴지 않았다. 그러나 그의 사회주의적 사고는 그가 스페인에 도착하기 전까지는 어떤 구체적이고도 현실적 형태로는 발전하지 않고 있었다. 오히려 그는 위의 인용문처럼 가난한 산업 노동자들의 억압받고 무시당하는 삶에 대한 혐오에서 비롯된 친(親)사회주의자에 더 가까웠다.

그의 사회주의 사상의 본질은 스스로를 '반제국주의자'이자 '반파시스트'이며 '평등의 신봉자'라는 입장에서 출발하고 있다. 이런 의미에서 그 자신의 마음속에 있는 파시즘, 나치즘, 그리고 제국주의에 대항하는 싸움이 우선이고 그의 사회주의는 언제나 2차적인 것이었다고 말할 수 있다.

그런데 오웰에게 사회주의가 이론적으로 가능하다고 믿게 해준 계기가 바로 그가 의용군으로 참전한 스페인 내전이었다. 거기서 그는 처음으로 노동자 계급이 힘을 휘두르는 현장의 한복판에 있게 되었다. 그는 계급 없는 평등한 인간관계를 보고 진정한 사회주의의 모습을 보았으며, 자신이 속한 그곳의 의용군들이야말로 계급 없는 사회의 축소판임을 확인한다.

오웰은 이들의 얼굴에서 혁명과 미래에 대한 신념, 자유와 평등에 대한 희망을 보았던 것이다. 실제 오웰이 스페인에 머물러 있을 당시 친구인 시릴 코놀리에게 보낸 편지에서 "나는 멋진 것을 보았으며, 드디어 사회주의를 진정으로 믿게 되었다."[23]고 말하고 있듯이, 아라곤 전선에서의 경험이 그를 혁명적이고 열렬한 사회주의자로 만든 것임에 틀림없다.

오웰에게 있어 스페인에서 파시즘에 대항해 싸운다는 것은 '부르주아적 민주주의'가 아닌 '민주적 사회주의'를 의미하는 것이었다. 그렇게 되기 위해서는 노동자들의 통치가 뒤따라야 하는데 이것이야말로 파시즘에 진정 대체할 수 있는 유일한 대안이라는 것이다. 그의 생각은 다분히 파시즘을 단지 스페인에서 물리치는 것 이상으로 그곳에 민주적 사회주의의 건설을 희망했다. 그는 노동자계급의 프랑코에 대한 저항과 같은 혁명적 요소를 통하여 자신의 비전이 구현될 수 있는 것으로 보았다.

희망에서 좌절로

 스페인 전쟁이 장기화됨에 따라 오웰은 그곳의 정치적 분위기가 점차 완전히 다른 양상을 띠게 됨을 감지하게 된다. 앞서 이야기했듯이 오웰은 스페인 내전에 대한 정치적 배경이나 공화국의 여러 정당들의 정치적 노선 등에 대한 사전 지식 없이 의용군에 입대했다. 그는 처음에 마르크스주의자, 스탈린주의자, 무정부주의자, 트로츠키주의자들이 모두 '공존의 존엄을 위해' 파시스트와 싸우고 있는 존재들로 생각하고 있었다. 물론 그가 각 정당 사이에 가로놓여 있는 심각한 노선 차이에 따른 갈등이 있다는 사실을 처음 알았을 때만 해도 "우리 모두는 다 사회주의자들이 아닌가? 왜 무의미한 정치적 문제들을 털어버리고 전선으로 가지 않는가?"[24]라는 다소 소박한 정치적 인식을 하고 있었다.

 무릇 전쟁이라는 게 다 그렇듯이 이 전쟁도 시간이 지날수록 정치적인 면과 인간적인 면 모두 변질되고 타락하기 시작했다. 오웰은 공산주의 정책이 자신이 처음 알고 있었던 그런 실질적인 것이 아님을 점차 깨닫게 되었다. 그는 스페인에서 노동자 혁명이 아예 일어나지 못하도록 하는 것이 공산주의의 진정한 의도임을 알아차렸다. 그는 공화정부 내에서 권력을 잡은 공산주의자들이 POUM을 불법 단체로 규정하고 그 당의 지도자들과 추종자들을 배반자의 누명을 덮어 씌워 투옥하는 등 동맹을 박해하고 진실 왜곡, 언론 날조, 정치선전, 거짓 보도를 자행하는 전체주의적 현장을 지켜보았다.

물론 공산주의자들에 대한 오웰의 견해는 그가 당시 공산당의 반혁명 정책의 본질을 이론적으로 정확히 깨달은 데서 온 것이 아니고 단지 자신에게 미치는 개인적 경험에 전적으로 의존한 것이었다. 어쨌든 오웰은 자신의 경험을 바탕으로 스페인에서 노동자계급이 정권을 장악할 기회는 상실되었다고 느끼게 된다.

혁명적 사회주의자가 된 이후, 그가 예견했던 민주적 사회주의는 마르크스의 '아래로부터'의 사회주의처럼 노동계급이 그들 자신의 행동을 통해 스스로를 해방하고 자신들의 이미지에 따라 사회를 다시 만드는 것이었지만, 스페인을 떠난 후 그는 이제 그것의 불가능함을 깨닫기 시작했다. 그런 이유로 해서 그의 사회주의의 가능성은 점차 비관적 색채를 띠기 시작했다.

결국 스페인에서 파시스트가 승리하고 파시즘이 다시 성장하는 것을 목격하고 난 뒤, 그는 이전의 확고한 혁명적 사회주의의 모습에서 이제 실망한 사회주의자의 모습으로 돌아선다. 이후 쓴 『동물농장』과 『1984년』이 오웰의 이런 사상을 잘 반영하고 있다.

문학 완성기: 『동물농장』과 『1984년』을 위하여

동물소설

오웰은 스페인에서 돌아온 후 줄곧 어떤 소설에 대해 구상을 하고 있었다. 그는 혁명의 영광과 좌절에 대해 깊은 생각을 하게 되었다. 그는 스페인에서 성공적으로 시작한 혁명이 소련의 영향력으로 말미암아 계급 없는 평등한 사회를 이룩하고자 했던 이상은 점차 사라지고, 그 대신 스탈린이 가하는 전체주의적 상황만이 판을 치는 사회를 직접 목격했다. 그리고 그는 1917년 러시아에서 차르 정권을 무너뜨린 마르크스주의에 입각한 노동자들의 혁명이 스탈린 등장 이후 초기의 혁명정신이 사라지고 전체주의적 정치상황으로 치닫고 있는 것을 줄곧 주시해 왔다.

그는 러시아혁명이 진정한 의미의 혁명적 이상이 사라진 실패한 혁명이라는 사실을 인식하고 사회주의 혁명의 성공과 실패에 대한 소설을 쓰고 싶었다. 그런데 문제는 당시는 아직 제2차 세계대전이 진행 중에 있었고 소련도 연합군 쪽에 서서 영국을 도와주고 있는 형편이었다. 다시 말해 스탈린은 나치즘을 방어하는 영웅으로 찬양받고 있었던 것이 그 당시 시대적 상황이었다.

그래서 생각해낸 것이 알레고리 수법을 이용한 동물우화였다. 동물들이 독재에 항거해 반란을 성공적으로 일으켰지만, 후에 내부의 권력투쟁으로 말미암아 타락한다는 동물들의 이야기를 쓰는 것이야말로 최선의 방법이었다. 동물들을 주제로 한 정치적 알레고리는 억압적이고 검열적인 정치적 상황을 비켜 가면서도 문학적 특성을 잘 살릴 수 있는 문학 장르이기 때문이다.

그러나 이 책을 출판하는 데는 너무나 많은 어려움이 뒤따랐다. 이 책을 읽는 독자들이라면 누구나 러시아혁명과 스탈린을 비판한 작품임을 분명히 느낄 것이다. 앞서 언급했듯이 영국과 미국을 중심으로 한 당시의 서구 진영은 제2차 세계대전의 승리가 최우선 목표였으며 스탈린이 연합군 쪽에 가담함으로써 스탈린은 영국과 미국으로부터 높이 평가받고 있었다. 이 미묘한 시기에 영국의 실력자들은 소련 독재자들에게 공격적인 말을 삼갔다. 상황이 이러한데 영국의 어느 출판사가 정치적 이데올로기를, 그것도 스탈린주의를 비판한 소설을 용기 있게 출판해 주겠는가. 이 책은 영국에서 무려 네 곳의 출판사에 의해 거절을 당했다. 모두 정치적 이유에서였다. 어떤 출판사는 영국 사람들은 스탈린 덕분에 살아남을 수 있기 때문에 이 소설의 출판을 거절한다고 말했고, 심지어 케이프사는 영국 정보부에 이 책의 출판에 대한 자문을 구할 정도였다. 케이프사가 이 책의 출판을 거절한 후 이 원고는 오웰의 집에 처박혀 있었다.

1944년 6월 독일군은 '폭명탄'이라는 폭탄을 런던 인근으로 날려 보냈는데 그 중 하나가 오웰이 살고 있는 아파트에 떨어져 『동물농장』이 영원히 우리 곁에서 사라질 뻔했던 적이 있었다. 그의 아파트의 천장이 무너져 내려 원고가 쓰레기 더미에 파묻혀 이리저리 뒹굴었다. 그는 쓰레기 더미를 뒤져 구겨진 원고를 겨우 찾아내 다시 정리했다.

이 소설은 다른 두 군데에서 출판 거절을 받고 난 뒤에, 세커 앤드 워버그사에서 출판하겠다는 의견을 보내왔다. 그런데 오웰은 이 출판사로부터 지금은 전시 중이라 종이가 부족해 종이 상황이 좋아질 때까지 출판을 연기해야 될 것이라는 통보를 받았다. 결국 『동물농장』은 1945년 8월에야 출판이 되었다. 종전이 되고 출판이 된 것으로 미루어 보아 워버그사가 출판을 연기한 이유를 종이 부족 때문이라고 말했지만, 실제로는 전시에 책을 냈다간 괜한 정치적 오해를 살 수 있을 것이기 때문에 곧 나치가 패하고 종전이 될 것이니, 그렇게 되면 스탈린이 더 이상 영국의 동맹이 될 필요가 없을 것이다. 아마 그때를 기다려서 출판을 하려고 하지 않았나 하는 느낌이 강하게 든다.

어찌됐건 이 책은 출간되자마자 오웰의 예상과는 달리 엄청난 반응을 일으켰다. 그는 이 소설이 이렇게 큰 호응을 얻을 것이라곤 꿈에도 생각해보지 않았다. 출판된 후 5년 동안 두꺼운 표지로 장정된 책이 25,000부나 팔렸고, 1946년 미국판으로 나왔을 때는 4년 동안 무려 590,000부나 팔렸다. 이제껏 영국 문단에서 바른 말을 하는 진보 작가 정도로만 여겨져 왔던 오웰은 이제 영국 문학에서 중요한 작가로 자리매김될 정도로 급부상되었다. 이 소설이 출간된 지 몇 주 후 오웰은 이 책의 성공에 미소를 띠며 서점에 들렀다. 그런데 어떤 서점에서 『동물농장』이 아동도서 코너에 꽂혀 있는 것을 발견하고선 슬그머니 빼내 문학 코너에 꽂아두었다는 일화가 있다.

『1984년』을 위한 외딴 섬 주라

1945년 아내 아일린이 자궁 제거수술 도중 심망마비로 사망했다. 오웰은 아내를 잃은 슬픔에 큰 충격을 받았다. 아내의 죽음 때문이었을까, 아무튼 그는 그녀가 죽은 지 1년 후 런던을 벗어나 먼 곳으로 떠나기 위해 그녀의 생전에 함께 세웠던 계획을 다시 끄집어내 생각해 보았다. 1944년 그는 '주라' 라는 스코틀랜드의 어느 외딴 섬을 소개받았다. 1946년 그는 주라의 반힐에 살고 있는 집 주인 마가렛 플레처에게 가겠노라는 편지를 썼다.

그러던 중 그는 그의 두 번째 아내가 될 여성을 만났다. 오웰은 유모 겸 가정부인 수잔 왓슨이 그와 리처드의 뒷바라지를 잘하고 있지만 리처드에게 좋은 엄마가 필요하다고 생각했다. 1945년 어느 날 오웰은 친구 코놀리 집에서 소니아 브라우넬이라는 여성을 만났다. 오웰과 그녀는 서로 알고 있던 터라 서로 스스럼없이 이야기를 나누었다. 오웰은 자기의 문학에 대해 의견을 제시하는 그녀의 솔직한 매력에 끌렸다. 그가 그녀에게 구혼을 했지만 그녀는 구혼을 받아들이지 않았다. 그들은 그런 사이로 줄곧 지냈다.

1947년부터 1948년까지 병마와 싸우며 『1984년』을 집필한 주라 섬의 반힐.

1946년 가을 오웰은 수잔 왓슨과 아들 리처드를 데리고 북쪽 주라 섬 반힐로 향했다. 그 섬의 인구는 300명 정도였으며 그가 구한 집에서 가장 가까운 이웃은 1마일이나 떨어져 있었고, 그 섬에서 단 하나밖에 없는 상점은 오웰의 집에서 남쪽으로 25마일나 가야 있었다. 전기나 전화는 물론 없었다. 그는 그

오웰의 두 번째 아내인 소니아 브라우넬(1948년). 1949년 10월 13일 오웰이 입원한 병실 침대 옆에서 오웰과 결혼식을 올린다.

섬의 신선한 공기를 마시면서 자신을 평생 괴롭혀 온 결핵도 치료하고 적막한 환경 속에서 조용히 휴식을 취하려고 했을 것이다. 그러나 그것만은 분명 아니었을 것이다.

오웰이 이튼스쿨을 졸업한 후 제국경찰이 되어 버마에 간 이유를 조지 오웰이라는 대작가가 되어야 할 그의 운명 때문이었을까 하는 물음을 던졌는데, 그가 주라에 간 이유도 그의 대표작이자 문제작인 『1984년』을 써야 할 운명 때문은 아니었을까. 아무튼 그는 이 섬에서 과거 몇 년간 구상해 왔던 일련의 작업에 착수한다. 오웰이 의도적으로 찾아온 주라섬이 영국의 문명권에서 벗어나 있듯이 이 소설 역시 현실과는 사뭇 동떨어진 미래의 전체주의 사회를 극화하고 있다.

1946년 10월 초 런던으로 돌아갔을 때 그는 이 소설의 초고 50페이지 정도밖에 쓰지 못했다. 다음해 4월 오웰은 다시 반힐에 도착했다. 그는 건강이 더 나빠졌지만 소설을 계속 쓰기로 했다. 그는 이 섬에서 병들어 죽어가고 있는 자신의 몸을 돌보지 않고 글자 하나하나를 적고 삭제하고 수정하며 써 내려갔다. 1947년 말 드디어 초고가 완성되었다. 지금도 남아 있는 초고를 보면 삭제하고 수정하는 데 그가 얼마나 많은 노력을 기울였는지 충분히 짐작할 수 있다. 처음에 손으로 쓰고 다음엔 타자로 옮기고, 또 손으로 수정 작업을 거쳐 다시 타자로 쳤다. 초고를 완성하자마자 그는 심한 기침에 시달리고 각혈까지 하게 되어 폐 전문 병원인 헤어머스 병원에 입원했다. 봄 동안 상태는 다소 호전되었지만 주라에 가지 말라는 의사의 충고도 무시하고 그는 그곳으로 돌아갔다. 그는 중단했던 『1984년』의 원고를 다시 꺼내 연말까지 마치려고 매달렸다. 보이는 것이라곤 망망대해의 바닷물과 밤하늘의 쏟아질 듯한 수많은 별들, 그리고 들려오는 소리는 철썩거리는 파도 소리뿐 방해하는 것이라곤 아무것도 없었다.

손으로 수정작업을 거쳐 이번에는 그 원고를 다시 타이핑해야 했다. 그의 건강은 이제 정말 돌이킬 수 없을 정도로 악화되기 시작했다. 미국에서 구해 먹고 있는 새로 개발된 약도 효과가 없는지 기침이 심해지고 숨결도 가빠져 왔다. 더 이상

책상에 앉아서 타자를 칠 수 없었다. 소파에 앉아 무릎 위에 타자기를 놓고 죽음과 사투를 벌이며 타이핑했다. 흡사 이 소설의 주인공 윈스턴 스미스가 죽음을 무릅쓰고 '일기'를 쓰는 것처럼 말이다. 12월 초 드디어 타이핑 작업이 다 끝나고 원고를 세크 앤드 워버그사로 보냈다.

워버그사는 3월까지 교정쇄를 내고 6월에 출판할 계획을 세웠다. 오웰의 처녀작 『파리와 런던에서의 밑바닥 생활』에서는 작가의 이름이 문제였지만 이번엔 제목이 문제였다. 애초 오웰이 생각하고 있던 '유럽의 마지막 남자'는 너무 평범한 제목으로 독자들의 호응이 적을 것 같아, 보다 더 강렬한 제목을 찾으려고 했다. 그래서 생각한 것이 이 소설이 완성된 해인 48년을 84년으로 바꾸어 놓은 '1984년'이라는 제목이었다. 드디어 1949년 9월 세커 앤드 워버그사에서 출판되었다.

『1984년』의 초고. 중간 부분에 'WAR IS PEACE(전쟁은 평화)', 'FREEDOM IS SLAVERY(자유는 예속)', 'IGNORANCE IS STRENGTH(무지는 힘)'이라는 글귀가 선명하다.

『1984년』은 미래의 전율스러운 전체주의 사회

속에서 윈스턴 스미스라는 한 인간의 운명을 그린 '반유토피아 소설'이다. 왜 오웰은 이 소설의 공간적 배경이 되는 오세아니아를 상상하기조차 싫은 그토록 무자비하고 끔찍스러운 사회로 그려 놓았을까. 그는 평생 동안 그 어느 작가보다 당대의 서구 정치체계를 예의 주시하고 관찰하고, 분석해온 작가이다. 서구의 정치사에서 그가 그토록 바랐던 민주적 사회주의의 도래는 결국 무산되고, 그 대신 파시즘, 나치즘 그리고 스탈리니즘으로 일컫는 전체주의가 발현되고 확산됨에 따라, 서구의 정치사는 이제 환멸과 좌절의 역사로 바뀌었다.

결국 서구의 미래는 그의 눈앞에 암담한 반유토피아적 상황으로 펼쳐질 뿐이었다. 따라서 오웰은 이 소설을 통해 인간의 미래는 이대로 가다간 '빅브라더'가 지배하는 오세아니아의 상황과도 같은 사회가 올지도 모른다는 준엄한 경고를 우리들에게 내리기에 이른다.

오웰은 『1984년』을 출판한 즉시 런던의 유니버시티 칼리지 병원에 다시 입원한다. 그의 몸은 치료를 더 이상 감당할 수 없을 정도로 쇠약해져 있었다. 소니아가 병원을 찾아와 그를 지켜주었다. 1946년 처음으로 구혼을 받았을 때 결혼 승낙을 거절했던 그녀는 자기가 저축한 돈으로 소박한 약혼반지를 산 후, 10월 13일 오웰과 병실 침대 옆에서 간단한 결혼식을 올렸다. 결혼 후 오웰은 아내와 함께 스위스에 있는 요양원으로 갈 계획을 세웠으나 떠나기 4일 전인 1950년 1월 21일 밤 마흔일곱의 나이로 숨을 거두었다. 그의 장례식은 크라이스트 교회에서 거행되었고 시신은 템스 강변에 있는 올 세인츠 교회에 안장되었다.

2 장 — 오웰의 정치적 글쓰기
George Orwell

음악회 중에 들리는 총소리

정치소설가와 실천적 지성인

일찍이 프랑스의 소설가 스탕달은 "문학작품에서 정치는 음악회 중간에 들린 총소리처럼 매우 시끄럽고 속된 것이지만 우리가 관심을 가지지 않을 수 없는 그런 것이다."[25]라고 썼다. 만약 음악회 도중에 총소리가 들린다면, 그 음악회는 중단될 것이고 청중들은 모두 그 거친 불협화음의 총소리에 공포를 느끼게 될 것이며, 싫든 좋든 그 총소리의 진원지에 대해 관심이 쏠릴 것이다. 이렇듯 문학에서의 정치는 좀 과장된 표현이긴 하나 음악회에서 들리는 총소리처럼 우리들의 삶에 엄청난 파장을 불러일으켜 우리가 관심을 가지지 않을 수 없는 그런 것이다.

조지 오웰은 흔히 '정치소설가'로 자리매김되고 그의 인물됨에 대해서는 '실천적 지성인'이라는 평가를 받고 있다. '정치소설'이란 "정치적인 이념이나 정치적 환경이 전 소설에 걸쳐 지배적이라고 여겨지는 소설, 또 이런 전제로 인해 어떤 근본적인 왜곡을 당하지 않고, 오히려 작품 분석에서 어떤 이득을 얻을 가능성마저 가진 소설"[26]로 정의된다.

여기서 말한 어떤 이득이란 정치소설이 우리들의 삶에 엄청난 관심과 파장을 던져줌으로써 오히려 우리들의 현실적 삶을 조명해줄 뿐 아니라 나아가 특정 정치 이데올로기를 초월해 우리들에게 보여주는 어떤 도덕적 질서와 조화를 가리키는 것이다. 정치소설에서 작가의 임무는 이론과 실제 경험 사이의 관계, 즉 작가의 마음속에 존재하는 이상적 이데올로기와 작가가 제시하는 현실적 이데올로기와의 상충에서 비롯되는 감정의 뒤엉킴과 혼란을 보여주는 것이다.

오웰이 정치소설가로 불려지는 이유는 그가 쓴 거의 모든 소설이 위에 언급된 정의에 정확히 맞아떨어지고, 그 내용 또한 주인공의 마음속에 존재하는 이상적 이데올로기와 그 주인공이 처한 실재적 이데올로기 사이의 가치체계 충돌에 따른 혼돈을 묘사하고 있기 때문이다. 그리고 '실천적 지성인'이라고 불리는 이유도, 그의 문학은 앞으로 살펴보겠지만 '예술을 위한 예술', 다시 말해 문학 따로 작가의 인생 따로

가 아닌 자신의 문학사상에 상응하는 실천적 삶을 살았고, 또 그 실천적 삶을 자신의 문학에 투영시켰기 때문일 것이다.

모더니즘 문학의 반역자 오웰

영국의 문학계를 살펴보면, 19세기 말에 이르러 문학의 사회적 기능을 표방했던 '리얼리즘' 문학론이 퇴조하기 시작하고 '모더니즘' 문학이 고개를 들기 시작했다. 특히 20세기에 접어들어 사회가 점점 산업화되고 복잡해짐에 따라 인간의 삶도 '공동체' 중심에서 탈피해 개인주의적 상황으로 바뀌기 시작했다. 따라서 '모더니스트'라고 불리는 일단의 작가들은 그러한 변화된 인간의 내적 모습을 그리는 데 '리얼리즘'과는 다른 문학형식이 필요함을 절감했다.

모더니스트들은 '사회적 환경과 당대의 세계를 있는 그대로 묘사하고, 충실하게 재현'하는 데 목적을 두고 있는 리얼리즘만으로는 이런 개인화된 인간의 주관적 삶의 실재를 더 이상 포착하기 힘들다고 판단했다. 겉으로 드러나는 실재를 반영하는 리얼리즘은 이제 인간의 주관적인 내면의식을 탐색할 수 없게 되었다는 것이다. 따라서 그들은 인간의 외적이고 객관적 현상보다는 인간의 주관적 실체와 내적 문제에 집착하게 되었다.

다시 말해 '삶이란 무엇인가', '예술이란 무엇인가', '나는 누구인가'와 같은 인간의 근원적인 문제인 '소외'나 '고독'을 즐겨 다루게 되었다. 이들이 쓴 대다수 작품들은 옆에서 무슨 일이 일어나든, 사회가 어떻게 돌아가든, 앞서 말한 음악회에서 총소리가 들리든 말든 오로지 '삶 자체'의 문제에만 관심을 돌린다. 이렇다보니 이들의 작품들은 당대 사회의 인간들의 구체적인 삶의 모습에는 관심이 없고 형식과 기교만을 중요시하게 되었다. 따라서 모더니즘 문학은 작가의 세계관이나 이데올로기가 결여되어 있어 독자들에게 사회적 기능으로서의 삶에 대한 비전을 제대로 제시하지 못한다는 평가를 받고 있다.

이 같은 20세기 전반기 모더니즘 환경 속에서 자라나 작품 활동을 한 오웰은 모더니즘 문학과는 완전히 다른(반역적이라 할 만큼 다른) 종류의 문학을 지향한 작가이다. 영국 문단에서 돌연변이로 태어난 변종의 작가라 해도 지나친 말은 아닐 것이다. 그는 동시대의 헨리 제임스, 제임스 조이스, T.S. 엘리엇, 버지니아 울프 등과 같은 작가들에게서 찾을 수 있는 모더니즘적 특성이 전혀 나타나지 않고 있다. 오히려 그는 「아서 케스틀러 *Arthur Koestler*」라는 에세이에서 스스로 언급한 바와 같이 "파시즘 대두 이후 유럽의 정치적 투쟁으로부터 야기된 특별한 부류의 문학"[27] 집단을 이루는 작가군에 속한다.[28] 영국 쪽에서 볼 때 이런 특별한 부류의 문학에 속하는 소설가로는 오웰을 제외하고는 뚜렷이 찾아볼 수 없다. 오웰을 제외한 20세기 전반기의 영국 소설가들은 대부분 인간의 소외와 내면세계의 탐구를 주된 연구대상으로 삼았을 뿐 당대 사회와 정치에 대한 관심은 거의 없었다. 다시 말해 그들은 유미적 예술지상주의에 바탕을 둔 문학의 미학적 기능에 관심을 두었지, 문학의 사회적 책임은 소홀히 했던 것이다.

정치적 글쓰기, 불가피한 선택

그렇다면 오웰이라는 작가는 영국 문단에서 돌연변이가 될 정도로 왜 자기만의 독특한 색깔을 냈고, 또 왜 그의 문학이 정치적이 되었을까. 그는 「나는 왜 쓰는가」라는 수필에서 자신의 입장을 상세히 밝히고 있다. 그는 이 수필에서 이미 대여섯 살 때 어른이 되면 작가가 되겠다는 꿈을 가지고 있었고, 열일곱 살에서 스물네 살, 그러니까 그가 이튼스쿨을 졸업할 전후부터 버마[29]에서 제국주의 경찰관 생활을 했던 시점 사이에 그 생각을 포기하려고 했지만, 본성적으로 작가가 될 수밖에 없다는 의식이 생겨 작가가 되었다고 말하고 있다.[30] 오웰을 정치적 작가로 만든 것은 이 수필뿐 아니라 다른 글에서도 그렇게 적혀 있듯이 결국 자신이 속해 있던 시대적 환경 때문이었다.

오웰은 작가가 글을 쓰게 되는 동기는 '순전한 이기심',

'미학적 열정', '역사적 충동', '정치적 목적' 등 네 가지가 있는데, 평화로운 시기에 살았더라면 정치적 목적보다는 앞의 세 가지를 더 중요시했을 것이라고 적고 있다. "나는 화려한 문체나 단순한 묘사 위주의 책만을 썼을 것이고, 나의 정치적 충성심에 대해서는 거의 인식하지 못했을 것이다."[31] 바꾸어 말하면 서구 제국주의자들의 절정에 달한 식민지 수탈, 히틀러와 무솔리니의 전체주의, 스탈린의 대숙청, 스페인 내전, 양차 세계대전 등 20세기 전반에 끊이지 않았던 유럽의 격동적인 정치상황이 자기 자신을 그렇게 만들었다는 것이다.

19세기 말 영국은 매튜 아놀드, 월터 페이터, 오스카 와일드 등에 의해 '예술을 위한 예술'인 형식과 기교에 바탕을 둔 문학 운동이 유행했으며, 1920년대는 T.S. 엘리엇, 에즈라 파운드, 버지니아 울프, 제임스 조이스 등을 중심으로 주제보다는 형식, 정치적 함축보다는 기법의 형식, 작가의 책임보다는 개인적 자아의 실현이 더 중요시되었다. 그러나 오웰이 볼 때 30년대의 문학적 사정은 전적으로 달라야 했다. 그는 20세기 전반 모더니즘 형식의 문학이 주류를 이룬 것에 대해서는 그렇다 치더라도(물론 오웰은 모더니즘 문학을 싫어했다) 이제 30년대에 접어들어 그간의 서구의 정치상황이 악화일로로 치닫고 있는 상황에서 문학은 분명 달라야(정치적이어야) 한다고 주장하고 있다.

그러나 1930년 이후 그런 안정감은 결코 존재하지 않았다. 제1차 세계대전, 심지어 러시아혁명도 부수지 못했던, 히틀러와 공황이 그 안정감을 부수어버렸다. 30년대 이후에 나타난 작가들은 인생뿐 아니라 모든 가치들의 체계가 늘 위협받는 세계 속에서 살고 있다. 죽어가는 악폐에 순수하게 심미적인 관심만을 가질 수도 없고, 목을 막 베려는 사람에 대해 공정함을 느낄 수 없다. (중략) 문학은 정치적이어야 했다.[32]

그는 "지금은 정치시대이다 …… 당신이 침몰하는 배 위에 있을 때 당신의 생각은 그 침몰하는 배에 집중될 것이다."[33]라는 절묘한 비유법을 빌려 자신의 문학이 정치적이 될 수밖에 없음을 다시 한 번 밝히고 있다. 오웰의 눈에는 20세기 전반기 유럽의 정치상황은 바로 침몰하는 타이타닉호처럼 위기에 휩싸인 상황으로 비춰졌다. 자기가 타고 있는 배가 침몰하는 순간인데 어느 누가 한가하게 낚시질이나 하고 있겠는가?

특히 작가의 경우 당대의 정치가 그렇게 인간의 삶에 부정적 영향을 끼치는데도 모른 체하고 지나친다는 것은 작가로서의 의무 불이행이라는 것이다. 이런 상황에서 그저 여유롭게 솔밭길을 거닐며 '예술을 위한 예술'만을 부르짖을 수만은 없다고 생각했다.

제임스 조이스가 『젊은 예술가의 초상 *A Portrait of the*

Artist as a Young Man』에서 작가를 "남의 눈에 띄지 않은 채 스스로를 세련시켜 존재를 상실하고 초연한 자세로 손톱이나 깎고 있는 존재"[34]로 묘사했는데, 오웰이 볼 때는 작가란 이제 그런 식으로 남아 있을 수 없었다.

그는 시대의 불의와 타협하지 않고 당대의 정치상황과 그것에 희생당하는 인간의 모습을 제대로 전달해줄 누군가가 이 세상에 나타나야 한다고 주장하고 있다. 작가는 바로 그런 일을 해야 한다는 것이다. 이런 주장은 작가의 사회적 임무를 누구보다 첨예하게 인식하고 있는 오웰로서는 너무나 당연한 것이었다.

오웰 문학, 그 행동의 정치학

진리를 알리는 임무

　인간은 환경과 경험에 의해 지배되는 동물이다. 그런데 대부분의 인간들은 자신이 속한 좁은 범주의 환경과 경험에 의해 제한적으로만 지배를 받는다. 그러나 오웰의 경우는 남다르다. 그는 20세기 전반기 유럽의 정치적 이데올로기와 굵직한 사건들의 소용돌이에 직접 뛰어들어 온몸으로 부딪쳐 그것들을 직접 체험한 작가이다. 그래서 그의 문학은 단순히 개인적 경험과 체험을 뛰어넘어 서구의 정치사 전반을 조망하는 '행동의 문학'이자 '실천의 문학'이라고 불리게 된 것이다.

　다음과 같은 일화가 있다. 오웰은 스페인 내전에 참전하기 위해 그곳으로 떠나기 전 미국의 작가인 헨리 밀러를 잠시 만났다. 그 자리에서 밀러는 파시즘에 대항하고 민주주의를 방어하기 위해 스페인으로 향하고 있는 오웰을 보고 '미친 짓'이라고 말한 바 있다. 이들의 놀랄 만한 대면은 현대 작가들 사이의 정치적 태도의 양극성을 단적으로 보여주는 대목이다. 후에 오웰은 정치에 대해 무관심한 태도를 보여주는 밀러를 "자신에게 알맞은 어둡고 폭신한 곳에서 현실과 담을 쌓은 채 무엇이 일어나는지 개의치 않고 무책임한 모습으로 서 있는 사람"[35]으로 비유하고 있다.

예컨대 밀러를 고래의 따뜻한 뱃속에서 '인정하기(accepting)'[36]를 받아들이면서 폭풍을 이겨내는 요나[37]에 비유된다면, 오웰은 고래 바깥에 머물면서 현대 세계의 공포를 거부하고 자신이 직접 그것을 바꾸려는 의무감을 느낀 실천적 작가인 것이다.

작가의 삶과 작품 활동을 다룬 1장에서 설명했지만 오웰의 삶은 우리가 언뜻 납득하기 힘든 그런 일종의 기행(奇行)의 삶이었다. 이튼스쿨을 졸업하고 옥스퍼드 대학이나 케임브리지 대학 진학 대신 버마에서의 제국주의 경찰직을 선택한 것부터 런던과 파리에서의 뜨내기 생활, 위건에서의 노동자 생활, 그리고 의용군으로서 스페인 내전 참전, 스코틀랜드 앞바다의 외로운 섬 주라에서 죽음과 사투를 벌이며 쓴 일련의 작업 등에 이르기까지 그의 경험과 체험은 영국의 여타 작가들의 경우와는 분명 다른 것이었다.

특히 그가 1922년부터 제국주의 경찰로서 식민지 버마에서 보낸 5년의 세월 동안 목격한 제국주의의 허구성과 자신의 직업에 대한 환멸이 정치소설 작가로서의 발판을 크게 마련해 주었을 것이다. 당시 그는 버마에서 안정된 수입이 보장되는 경찰로서의 성공을 오히려 타락이라고 느껴 자신의 직업에 대해 일종의 죄책감에 사로잡혀 있었다. 그는 어떻게든 그곳에서 벗어나 자유로운 공기를 마시고 싶었고 자신의 죄의식을 속죄하고 싶은 마음뿐이었다. 그 속죄 방법 중 하나가 바로 작가가 되어 제국주의의 허구성을 세상에 알리는 것이었다. 애초부터 작가로서의 오웰의 출발은 이렇게 정치적이었다.

오웰은 자신이 속한 환경을 체험함으로써 실천적 지성인의 면모가 갖추어지고 자신만의 독특한 정치적 세계관이 형성되었다고 볼 수 있겠다. 그리고 이것이 그의 문학관으로 투영되고 구체화되어 결국 그는 과거, 현재 그리고 미래에 걸친 인류의 삶은 그 자체가 정치적 행위로 영위되어 왔고 앞으로도 그럴 것이며, 개인적 인간의 삶도 원하든 원치 않든 정치와 무관할 수 없다는 보편적 결론에 도달하게 된다. 그런 이유 때문에 그는 "어떤 책도 정치적 편견으로부터 자유로울 수 없다. 예술이 정치와 관계가 없다고 하는 의견 자체가 정치적 태도인 것이다."[38]라는 정치적 글쓰기의 보편성을 강하게 주장하고 있다.

이제 오웰에게 있어 정치적 글쓰기는 그의 '숙명적 임무'라 결론지어도 좋을 것이다. 그는 '예술작품을 쓰겠다.'고 그 자신에게 말하지 않는다. 그는 폭로하고 싶은 어떤 거짓말, 다른 사람들의 관심을 끌고 싶어하는 어떤 사실이 있기 때문에 글을 쓴다고 말한다. 그의 정치적 글쓰기의 화두 중 하나는 '진실'이다. 그는 당대의 역사는 진실되게 쓰일 수 없어 '객관적 진실의 개념'이 세상에서 사라지고 있다는 사실에 깊은 회의를 느끼게 된다. 결국 만년에 가서 그는 진실을 왜곡하고 은폐함으로써 미래뿐 아니라 과거까지도 지배해 지도자가 '둘 더하기 둘은 다섯'이라고 말하면 그 공식을 받아들일 수밖에 없는 전율스러운 전체주의적 상황을 우리들에게 절실히 경고하기에 이른다.

결국 오웰이 그의 정치적 글쓰기에서 보여준 중심 사상은 '문학이란 경험을 기록함으로써 인간의 역사적 발전에 한몫을 하고, 진리는 반드시 믿어져야 하며, 작가는 진리인 것을 신뢰성, 정확성 및 신념을 가지고 독자들에게 말해야 한다는 것으로 요약될 수 있다.

'오웰적'인 너무나 '오웰적'인

일부 비평가들은 오웰의 소설들이 너무 정치적으로만 편향되어 있어 읽기가 무겁고 또 등장인물들은 생동감이 적어 재미가 떨어진다고 이야기하고 있다. 오웰도 이 문제를 잘 알고 있는 터라 이 문제에 고민도 많이 하고 신경을 무척 썼다. 오웰의 소설들에는 문체상의 미학적 노력이 엿보이지 않고 있다는 비평가들의 지적에 대해 그는 '철도시간 안내 책자'의 수준을 넘어서는 책이라면, 어떤 책도 미학적 고려로부터 자유로울 수 없다고 주장하고 있다.

그는 『카탈로니아에 대한 경의』를 가리켜 "나의 정치적인 견해를 피력한 책이지만, 나의 문학적 본성을 해치지 않는 범위에서 전반적인 진리를 말하려고 애썼다."[39]고 말하고, 『동물농장』은 '정치적 목적과 예술적 목적을 하나의 전체로 융합시킨 소설'[40]이라고 말하고 있다. 그렇지만 그에게는 정치적 글쓰기가 우선이었고 정치적 목적을 예술이라는 틀에 맞추려고 했지, 예술을 위한 정치적 글쓰기를 추구한 것은 아니었다. "정치적 목적이 결여된 곳에서 나는 한결같이 화려한 문장, 의미 없는 문장, 쓸모없는 장식적 형용사 등에 유혹 당해 생명 없는 소설을 썼다."[41]고 적은 그의 글귀만 봐도 그의 글쓰기에서 정치적 목적이 얼마나 중요한지 짐작이 간다.

그러면 위에서 언급한 오웰의 정치소설들이 읽기가 따분

하고 등장인물들이 생동감이 결여되어 있다는 지적을 살펴보자. 비평가들의 지적대로 오웰 소설들의 등장인물들은 대부분 시대에 적응하지 못하는 소외된 인물들로 소극적 삶을 살고, 또 스토리도 복잡하거나 다양하지 않아 그의 소설들은 박진감이 떨어져 읽기에 밋밋한 느낌이 드는 것이 사실이다.

그러나 이 문제는 작가로서 오웰 개인의 문제가 아니고 정치소설이 갖는 보편적 문제이자 그 특성이기도 하다. 정치소설들은 개인의 이상이 정치를 통해서 실현되는 것을 그리는 것이 아니라, 오히려 정치의 소용돌이 속에서 좌절되고 그 결과 개인이 소외되든지 희생되는 것을 주로 다루고 있다. 때문에 정치소설에서 정치는 타협을 거부한다. 주인공과 그가 맞서는 사회 사이에는 화해나 타협이란 없다. 그래서 대체로 주인공은 희생 아니면 패배로 결론지어진다.

오웰의 소설에 등장하는 인물들 역시 무력한 존재로 흔히 '오웰적(Orwellian)'이라 불려지는 전형적 형태의 인물들이다. '오웰적'이라는 말은 오웰의 이름을 본떠 만들어진 문학 및 사회학적 용어이다. 어떤 상황이나 인물의 특성을 나타내기 위해 작가의 이름을 본떠 용어를 만드는 경우는 서구 문학사에서 흔치 않는 경우이다.

'오웰적'이란 용어는 개인을 말살하고 '비인간화되어 버린 사회'를 지칭하기도 하고, 또는 고독한 아웃사이더인 『제

오웰은 "당신이 침몰하는 배 위에 있을 때 당신의 생각은 그 침몰하는 배 위에 집중될 것"이라는 비유를 통해 자신의 문학이 정치적이 될 수밖에 없는 이유를 밝히고 있다.

국은 없다』에서의 플로리나, 『1984년』에서 체제에 반기를 드는 반역자 윈스턴 스미스와 같은 인물들의 '인간 소외'를 의미하기도 한다.[42] '오웰적' 인물들인 아웃사이더나 반역자들은 정치적 이데올로기 속에서 투쟁을 강요당한다. 그들은 전율적인 힘을 바탕으로 한 전체주의 사회로부터 탈출을 꾀하고자 홀로 투쟁해 보지만, 능동적 대처를 상실한 채 딜레마에 빠지고 결국에 가서는 그 환경에 다시 지배당해 버린다.

후기 소설로 갈수록 오웰의 등장인물은 점점 더 강한 '오웰적' 인물이 된다. 이런 소극적 인물들은 당연히 생동감이 결여되어 능동적 삶을 살지 못하고 다른 작중 인물들과도 복잡한 갈등 따위를 겪지 않는다. 이런 인물들의 성격은 인간의 행동과 감정에 대한 섬세한 묘사가 필요한 소설의 일반적 관점에서 보면 결함일지 모르지만 정치소설만이 가지는 독특한 특징으로 간주되어야 한다. 정치소설에서의 등장인물들은 다른 등장인물들과의 갈등이 아닌 이데올로기라는 추상적인 등장인물과 투쟁하고 갈등을 겪는다. 이러한 것 때문에 정치소설은 오히려 나름대로의 흥미와 재미를 가지게 된다.

    결론적으로 오웰은 자기 소설에 정치소설에 걸맞는 '오웰적' 인물들을 등장시켜 당대의 정치적 상황에 억압받고, 또 투쟁하는 인간의 모습을 보여주고자 노력한 작가이다. 그의 문학 활동 시기가 미증유의 정치적 갈등이 심화된 격동의 시대였으며, 이런 시대적 상황을 몸소 체험해 그것을 예술로 승화시키고자 한 작가의 용기와 노력은 20세기 영국 문학사에서 높게 자리매김되어야 할 것이다.

3장 — 작품론

George Orwell

이상적 혁명과 권력의 타락
―『동물농장』론

등장인물

나폴레옹

   동물농장에서 존스 씨를 쫓아낸 후 동물공화국을 세운 중심인물로 러시아혁명기의 '스탈린'을 반영한다. 이후 스노우볼과의 권력투쟁에서 이겨 그를 추방하고 모든 권력을 독점하게 된다. 그는 계급 없는 평등사회를 지향했던 올드 메이저의 혁명적 이상주의를 저버리고 일인 독재자로 군림한다.

스노우볼

   스노우볼은 '트로츠키'[43]를 반영한다. 트로츠키처럼 스노우볼은 뛰어난 연설가이며 혁명에 대한 지적 열망을 가진 인물이다. 혁명적 이상주의를 실천하고자 자신을 희생시키는 인물로 묘사되지만 나폴레옹에 의해 쫓겨나 그의 이상은 실현되지 못한다. 스노우볼의 인물적 특성은 무자비하고 간교한 반대파들에 의해 쫓겨난 진정한 혁명가의 표본이다.

올드 메이저

올드 메이저는 혁명의 기본적 이론과 이상을 소개한다는 점에서 '마르크스'를 반영한다. 그는 이 소설에서 인간들을 추방하고 모든 동물들이 평등한 동물사회를 건설하고자 하는 혁명적 이상을 심어주고 세상을 떠난다. 여기 묘사되고 있는 마르크스 이론의 하나는 동물들이 생산한 농산물은 동물 자신들의 이익을 위해서가 아니고 기생충 같은 인간들이 훔친다는 것이다.

스퀼러

혁명 후 새로운 사회를 건설하는 데 중요한 역할을 한 네 마리 돼지 중 하나로 뛰어난 '정치 선동가'이자 '기회주의자'이다. 그는 새로운 사회의 성장과 더불어 발전해 그 사회 안에서 높은 지위를 획득하는 인물로 정도의 차이는 있지만 대부분의 사회에 존재하고 있는 정치선전 기구인 거대한 선전활동을 반영한다.

복서

러시아혁명기의 '프롤레타리아트'를 반영한다. 복서는 모든 사회 체제의 성공에 꼭 필요한 정직하고 열성적인 무지한 일반 노동자를 대변한다. 그 같은 노동자는 독재나 전체주의 정권 하에서 필연적으로 착취 당하는 존재이다. 그는 결코 혁명의 이상이 부패하고 있다는 사실을 깨닫지 못하고 동물농장에서 착취와 이용만 당하다 죽는다.

벤자민

많은 사실적 이론의 진실을 의심하는 '회의론자'를 대변한다. 다른 동물들처럼 그 역시 읽는 법을 배우지만 그 기술을 유용한 목적에 이용하려고 하지 않는다. 아마 작가는 힘 있는 지식인도 신념이나 이상이 없다면 아무 소용이 없다는 것을 보여주고 있는 것 같다.

클로버

클로버는 동물 농장의 모성적 인물이다. 그녀의 양식(良識)은 비록 제한적이긴 하지만 건전하며 복서의 단순한 선과 힘의 특질을 보완한다. 그녀는 어떤 다른 동물보다도 동정과

친절함을 많이 보여주는 동물로 끝까지 살아남으며 억압받는 동물들을 위한 안락함과 힘의 원천으로 작용한다.

몰리

몰리는 성격이 변덕스러운 보조적 역할을 하는 인물로 엘리트 계급을 대변한다. 그녀는 이 소설의 중간쯤에서 사라진다. 어떤 면에서 그녀는 인간과 같은 방법으로 다른 동물들을 착취한다. 클로버와 좋은 대조를 이루고 있다.

개들

개들은 다른 동물들에게 무자비하게 폭력을 행사하는 러시아의 '비밀경찰'을 대변하고 있다. 나폴레옹은 이 개들이 새끼였을 때 비밀리에 데려다 훈련시켜 자신의 권력야욕에 이용한다. 스노우볼도 이 개들에 의해 쫓겨난다.

양들

개들과 더불어 나폴레옹의 권력 등극에 중요한 '선전대' 역할을 하는 동물이다. 양들은 대중을 대변하며 대중들이 어떻게 조종될 수 있는가를 보여주고 있다. 나폴레옹에 반대하는 의견이 제시될 때마다 양들은 "네 다리는 좋고 두 다리는 나쁘다!"라고 외치며 방해한다.

모세

갈가마귀인 모세는 어떤 면에서 피지배자보다는 지배자와 손을 잡는 교회의 역사적 역할에 대한 오웰의 견해를 보여주는 사악한 등장인물이다.

뮤리엘

염소 뮤리엘은 올드 메이저의 회합에 참가한 똑똑한 동물들 중 하나이다. 그녀는 읽는 법을 배우지만, 읽은 것에 대한 올바른 판단을 내리지 못한다. 그녀는 적혀진 모든 것은 사실이라고 믿으며 7계명이 돼지들에 의해 바뀌었을 때도 결코 질문하지 않는다.

존스

존스 씨는 러시아 황제 '니콜라스 2세'를 가리킨다. 니콜라스 2세가 러시아혁명의 원인을 제공했다면 존스는 농장에서 혁명의 원인을 제공하는 인물이다. 그는 인간 등장인물 중 가장 완벽하게 발전된 인물이지만 판에 박힌 인물에 불과하다.

필킹톤

동물농장 이웃에 있는 '폭스우드' 농장을 경영하는 인간. 영국의 '처칠'을 가리킨다. 필킹톤은 프레드릭과 함께 존스를 도와 동물농장을 공격한다.

프레드릭

동물농장 이웃에 있는 '핀치필드' 농장을 경영하는 인간. 독일의 '히틀러'를 가리킨다.

정치적 알레고리로서의 우화

『동물농장』은 러시아혁명과 그 후의 역사 전반에 대한 문제를 '알레고리' 수법을 이용해 다룬 우화(寓話)이다. 알레고리란 '다른 이야기'를 뜻하는 그리스어 '알레고리아(allegoria)'에서 유래된 말로, 추상적인 개념을 직접 표현하지 않고 다른 구체적인 대상을 이용하여 표현하는 기법의 문학형식이다.

다시 말해 작가가 드러내고자 하는 직접적인 주제를 숨기고 다른 주제를 사용하여 그 유사성을 적절히 암시하면서 본래의 주제를 전달하는 수사법이다. 그리고 '우화'란 사전적 정의를 빌리면 '인격화한 동식물이나 기타 사물을 주인공으로 하여 그들의 행동 속에 풍자와 교훈의 뜻을 나타내는 이야기'이다.

알레고리 문학 형식은 현대작가들이 즐겨 사용하지는 않지만, 정치와 종교 문제를 다룰 때는 유효한 수단이 되고 있다. 특히 동물들이 등장해 의인화되는 동물우화가 알레고리 수사법의 대부분을 차지하고 있다. 영문학의 경우 동물우화 최초의 작품은 제프리 초서의 『캔터베리 이야기 Canterbury Tales』의 한 부분을 이루는 「수녀원 사제 이야기 Nun's Priest's Tale」이지만, 대표적 작품은 조나단 스위프트의 『걸리버 여행기 Gulliver's Travels』라 할 수 있다.

특히 20세기의 정치적 알레고리는 억압과 검열의 분위기 속에서 정치적 상황에 대한 언급과 자기표현의 적절한 수단이 되기 때문에 중요한 문학 장르로서 부각되고 있었다. 더욱이 오웰의 경우 앞서 이야기했지만 당시 유럽의 미묘한 정치 상황에서 소련의 공산주의를 대놓고 비난한다는 것은 있을 수 없는 일이었다. 그래서 정치적 알레고리 수사법을 이용한 우화를 통해 러시아혁명의 실패를 보여주고자 한 오웰의 선택은 불가피한 것이었을 것이다. 따라서 위에 언급한 정의를 종합해볼 때 『동물농장』은 '정치적 알레고리 수사법을 이용한 동물우화'라고 정의할 수 있다.

『동물농장』에 등장하는 사건들과 동물들은 모두 알레고리 수사법의 특성상 고도의 비유적 수법으로 암시되어 있다. 따라서 우리가 당대 러시아의 혁명적 상황에 대해 전혀 모른 상태로 이 소설을 접한다면, 이 소설은 단지 동물들의 우스꽝스러운 행동이 자아내는 오락적 기능만을 위한 것으로만 이해될 뿐 작가가 숨겨놓은 본래의 주제를 놓칠 수 있다.

독자들은 우선 이 소설이 알레고리 기법을 이용한 우화로서 러시아혁명 후의 정치적 상황을 다루고 있다는 사전 지식을 갖고 읽으면 동물들은 한 개인으로서가 아니라 사회집단의 역사적인 일원으로 존재하고, 또 그들의 행위는 당대의 엄청난 역사적 사실을 내포하고 있다는 사실을 쉽게 이해할 수 있을 것이다.

『동물농장』이 바라본 러시아혁명과 그 역사

이 소설은 1917년 러시아혁명에서부터 1943년 테헤란 회담[44]에 이르기까지 일련의 러시아 역사에 걸친 정치 문제를 다루고 있다. 예컨대 러시아혁명, 트로츠키와 스탈린의 권력투쟁, 스탈린의 강제 집단화, 대숙청재판, 신경제정책, 독소 불가침 조약 등이 핵심적인 에피소드로 등장하고 있다. 그리고 모든 동물들은 다소 도식적이긴 하지만 1913년부터 1943년까지의 러시아 역사에 등장하는 정확한 이름이나 전형적인 형태로 나타난다.

장원농장은 '러시아'이며 존스 씨는 전제 러시아 시대의 황제를 뜻하는 '차르'이고, 돼지들은 거대한 러시아의 관료제를 무너뜨리고 혁명을 이끈 '볼셰비키 지식인들'을 가리킨다. 혁명의 영감을 불러일으켜준 흰 수퇘지 올드 메이저는 이론가인 '마르크스'를 가리킨다. 그리고 나폴레옹은 '스탈린'

이며, 스노우볼은 스탈린의 정적이라고 할 수 있는 '트로츠키'이고, 스퀼러는 나폴레옹의 변론인이자 현대판 '정치선전주의자'이다. 돼지들을 제외한 나머지 동물들은 무지한 농민들을 가리킨다.

예컨대 쌍두마차를 끄는 말인 복서와 클로버는 충성스러운 '프롤레타리아트'이며, 당나귀 벤자민은 모든 사회에서 발견되는 '냉소주의자'이다. 암말 몰리는 혁명을 반대해서 러시아를 떠난 '백인계 러시아인들'을 나타낸다. 그리고 양들은 정치선전만을 반복하는 자발적 시위에 참석하는 무지한 대중들이다. 개들은 스탈린 권력을 유지시켜 주는 거대한 비밀경찰 조직인 '게페우(소련국가정치보위부)'를 가리킨다. 그리고 갈가마귀 모세는 기회주의적인 '교회'를 상징하고 있다. 이웃 농부들은 혁명론자들에 반대하는 차르주의자들을 지지하려고 하는 서구 군부세력을 가리킨다. 즉, 필킹턴은 영국의 '처칠'을, 프레드릭은 '히틀러'를 각각 의미한다.

그리고 스토리에 나오는 각 사건 또한 역사적 사건을 반영한다. 동물들의 반란은 1917년 10월 혁명이며, 외양간 전투는 곧이어 일어난 내란을 가리키고 있다. 이 전투에서 존스와 농부들은 볼세비키를 몰아내려고 했던 외국 세력들이다. 그리고 암탉들의 반란은 1921년 크론슈타트의 해군기지에서 있었던 수병들의 반란이다.[45] 풍차는 급속한 산업화와 농장의 집단화를 요구한 1928년도에 시작된 제1차 경제개발 5개년 계획을 나타낸다. 폭풍우에 의한 풍차의 붕괴는 이것의 실패를 상징하고 있다.

7장에서의 동물들의 거짓 자백은 1930년대 후반의 스탈린 대숙청재판이다. 그리고 프레드릭이 건네준 위조지폐는 1939년 독·소 협정에 대한 스탈린의 배반을 가리키며, 풍차의 두 번째 붕괴는 1941년 독일의 소련 침공이다. 그리고 마지막 장의 돼지들과 인간들의 파티 장면은 테헤란 회담의 풍자적 묘사이다.

이 소설이 던지는 핵심적 메시지는 러시아혁명은 시간이 지날수록 본래의 이상이 실종되고 타락되어 결국 실패한 혁명이 되어 버렸다는 것이다. 작가는 그렇게 된 원인을 인간의 정치권력에 내재한 근본적 속성에서 찾고 있다. 작가에게 있어 정치권력이란 한 계급이 다른 계급을 억압하기 위한 조직화된 폭력이라는 것이다.

올드 메이저의 이상과 실패한 혁명

오웰이 올드 메이저의 연설대목을 두고 『동물농장』의 우크라이나 판의 작가 서문에서 "마르크스 이론을 동물들의 입장을 통해 분석하려고 했다."[46]고 적은 것처럼, 이 소설은 마르크스와 엥겔스의 『공산당 선언』의 이상에 대한 패러디라

할 수 있다. 마르크스에 따르면 모든 역사를 계급투쟁의 역사로 해석하고 생산적 부의 소유자들인 부르주아 계급은 필연적으로 임금 노동자들인 프롤레타리아 계급의 이익에 반대되는 입장에 서 있다. 이런 계급투쟁은 혁명에 의해서만 해결될 수 있는데, 이때 노동자들은 생산의 부를 떠맡아서, 그들의 노동의 대가를 공평히 공유해서 '프롤레타리아의 독재'를 구축할 수 있다는 것이다.

프롤레타리아트는 자신들의 정치적 지배를 이용하여 부르주아지로부터 점진적으로 모든 자본을 빼앗고, 모든 생산도구를 국가의 수중에, 즉 지배계급으로 조직된 프롤레타리아트의 수중에 집중시켜 전체 생산력을 가능한 빨리 준비시키게 될 것이다. 마르크스의 이상이 "전 세계 노동자여, 단결하라!"로 귀결되는 것처럼, 『동물농장』에서 "인간을 물리칩시다. 그러면 우리가 생산한 것은 모두 우리 것이 될 것입니다."[47]라는 대목이나 "인간은 우리의 적입니다. 모든 동물들은 동지입니다."[48]라는 내용은 마르크시즘 슬로건의 재현이다.

그러나 이 같은 올드 메이저의 혁명적 이상에도 불구하고 사회혁명이 실패할 가능성은 동물들의 본성에 이미 내재되어 있었다. 동물들이 모인 첫 회합에서 개들이 쥐를 발견하고는 잡아먹으려고 했다. 이 문제에 대한 투표를 실시해 쥐를 포함한 들짐승도 동지임을 가결했지만 개 세 마리와 한 마리의 고양이는 반대했다.

그리고 반란이 성공한 후 어느 날 고양이가 지붕 위에 앉아 멀리 떨어져 있는 참새에게 모든 동물들은 다 동지들이기 때문에, 참새들도 자기 발등에 앉을 수 있다고 말했지만, 참새들은 그렇게 하지 않았다. 이 두 장면을 통해 작가는 동물들의 본성에는 사회적 정의의 가능성을 파괴시키는 요인, 다시 말해 마르크시즘적인 이상에 위배되는 사회적 갈등이 내재되어 있다는 사실을 보여주고 있다.

그런데 이들의 생물학적인 본능적 행위도 문제지만 더 큰 문제는 엘리트 계급의 등장과 성장이다. 즉, 혁명 시초부터 이미 프롤레타리아 계급의 공평한 사회가 이루어지지 않고 특정 엘리트 중심 사회로 변질되기 시작했다는 것이다. 작가는 권력 쟁취를 위해 비밀리에 개들을 키우는 나폴레옹의 경우를 포함해 엘리트 집단으로 성장하기 위한 돼지들의 의도적 행위를 혁명적 이상에 대한 가장 큰 위험 요소로 꼽았다. 돼지들의 필연적인 권력 욕구와 타락에 대한 전조는 "우리는 인간을 닮아서는 안 된다."[49]는 메이저의 경고가 점차로 무시되고 있다는 점에서 찾아볼 수 있다.

돼지들이 존스 씨의 아이들이 사용했던 낡은 철자교본을 가지고 인간들처럼 글을 배운다는 사실과 나폴레옹을 위시해 돼지들이 두 발로 걷는 장면에서 인간과의 닮은꼴이 명백히 나타나 있다. 결국 동물들의 반란은 7계명에 비추어볼 때 처음에는 성공적인 것처럼 보였으나 돼지들의 점진적인 권력 장악과 7계명의 계속적인 변질로 본래의 혁명적 이상은 존재하지 않게 된다.

동물농장에서의 반란 이후의 상황 전개는 마르크스가 사회주의에 대해 생각했던 아래로부터의 혁명이 되지 못하고 위로부터의 혁명이 되었다. 즉, '노동계급의 자기해방'이 아니라 오히려 '노동자 계급의 착취'로 나아가게 된 것이었다. 이렇게 반란 후 농장에는 인간들의 침입보다 더 큰 위험이 도사리고 있었던 것이다. 혁명의 기본 문제는 과거의 억압자들이 가했던 그런 억압적 권력이 아닌 공정한 권력을 이상과 어떻게 결합시키느냐 하는 점이었지만, 동물농장의 경우에는 나폴레옹을 위시한 돼지들의 권력 욕구로 인해 그것이 실패로 이어진 것이다.

반란 초기의 혁명적 이상은 사라지고 돼지들의 전제정치로 변질된 가장 큰 모습은 앞서 언급했듯이 이들이 자신들의 옛 억압자였던 인간들의 상황으로 돌아갔다는 데 있다. 위에 언급된 두 장면뿐 아니라 돼지와 인간이 서로 동일하다는 등식이 성립될 만한 또 하나의 사건이 제시되어 있다.

그것은 이웃 농장주들인 인간들이 돼지들의 초청으로 동물농장을 방문한 대목에 잘 나타나 있다. 이제 돼지들과 인간들 사이에는 평화공존이 깃들여 와자지껄한 웃음소리와 노랫소리가 흘러나왔다. 이 장면을 창가에서 몰래 쳐다보고 있던 다른 동물들이 돼지들과 인간들의 모습을 번갈아 계속 쳐다보았지만, 어느 쪽이 인간이고 어느 쪽이 돼지인지 분간할 수 없게 되었다.

이처럼 구별이 불가능할 정도로 돼지들이 인간화되는 이 서글픈 장면은 '실천철학'으로서의 '마르크스적 이상'에서 출발한 러시아혁명이 스탈린이라는 한 개인의 전제정치로 전락해 버린 러시아의 정치상황을 포함한 당대의 정치사를 바라보는 작가의 환멸감을 극명히 보여주고 있는 대목이다.

작가가 이 소설의 모델을 러시아혁명과 스탈린에서 따왔다고 해서 이 소설을 단순히 소련 공산주의만을 비판하고 냉전시대의 반공 이데올로기를 조장시킨 작품으로 봐서는 안 된다. 오웰은 마르크시즘에 입각한 사회주의 혁명과 국가건설을 누구보다 소망했던 인물이었다. 러시아혁명은 독재자 스탈린의 등극으로 애초의 이상과는 다르게 전체주의적 상황으로 흘러갔기 때문에 자신의 사회주의적 전망이 점점 절망적으로 흘러간 것이지, 노동자들을 중심으로 하는 민주적 사회주의 건설 자체를 반대한 것은 결코 아니다.

그는 스페인에서 민주적 사회주의 국가 건설을 누구보다 더 열렬히 바라지 않았던가. 스탈린이 자행한 대숙청의 알레고리인 나폴레옹의 동물처형이 있고난 뒤 클로버가 언덕 위로 올라가 눈물을 흘리며 상념에 잠기는 대목이 있다. 동물농장의 학살과 공포는 올드 메이저가 그들에게 반란을 선동했던 그런 미래는 아니라는 것이다. 그들이 소망했던 미래는 모든 동물들이 평등하고 공평한 사회였다. 이는 바로 작가 오웰이 그토록 바라마지 않았던 계급 없는 민주적 사회주의의 모습이 아니던가.

오웰이 러시아혁명의 실패 과정을 논함에 있어 모든 혁명이 실패할 본질적 가능성까지도 염두에 두었느냐 하는 점은 이 소설에 뚜렷이 나타나 있지 않지만, 오웰이 내린 결론은 혁명적 이상은 권력과 조화를 이루기 어려우며, 결국 사회적 타락으로 연결되어 있음을 지적하고 있는 것 같다.

즉, 이 소설은 공산주의자들에 의해 자행되는 권력의 타락뿐 아니라 모든 사람들이 저지르기 쉬운 타락된 형태의 권력에 대한 것이다. 권력은 부패하고 따라서 혁명은 애초의 목적과는 다르게 실패하고, 역사는 새로운 독재자들이 자신들의 위치를 차지하기 위해 옛 독재자들을 전복시키는 기록인 것이다. 오웰의 근본적 생각은 '이상'이 아무리 바람직하더라도 모든 시대에 똑같이 퍼져 있는 자연적 본능인 '권력에 대한 욕망' 때문에 계급 없는 사회는 불가능하다는 것을 지적하고 있는 것이다.

스노우볼과 나폴레옹

『동물농장』에서 스노우볼과 나폴레옹은 각각 러시아혁명 후 두 역사적 주인공인 트로츠키와 스탈린의 지배적 특성을 그대로 반영한다. 따라서 이 두 인물을 서로 비교해 보는 것도 재미있을 것이다. 그들은 올드 메이저의 혁명정신을 현실화 시킨 후 동물농장을 이끄는 지도자로 부상한다. 그런데 이들 둘은 혁명 초기부터 사사건건 의견의 불일치를 보이고 있다. 이들의 의견 대립은 그 중에서도 풍차 건설과 농장 방위 문제에 뚜렷이 나타난다.

먼저 풍차 건설부터 살펴보자. 스노우볼에 따르면 풍차가 완성되면 기계를 작동시켜 노동이 감소되어 일주일에 사흘만 일하면 된다는 것이다. 반면 나폴레옹은 당장 시급한 것은 식량 증산이며 풍차 건설에 시간을 낭비하면 전부 굶어죽게 될 것이라고 주장하고 있다. 풍차에 대한 이들의 논쟁은 러시아혁명 후 소련을 개발시키는 데 있어 어떤 것에 우선 순위를 두느냐에 대한 알레고리이다. 트로츠키는 농업보다는 제조업을 중심으로 한 산업의 가속화를 주장했으며, 스탈린은 포괄적인 농업의 집단화를 원했다.

오웰은 풍차에 관련된 문제를 단순히 소련의 경제개발 계획의 단순한 비유에 그치지 않고 억압자와 피억압자들 사이에 놓인 복합적인 정치적 문제임을 보여주고 있다. 즉, 스노우볼이 구상한 풍차 계획은 기계문명의 상징이긴 하나 망상적 투쟁이자 허황한 꿈의 상징이다. 또 나폴레옹의 입장에서는 동물들의 일탈을 통제하기 위한 좋은 수단으로 작용해 자신의 권력을 더욱 강화시키는 결과가 된다.

스노우볼의 구상이든 나폴레옹의 실천이든 어쨌든 풍차 건설은 시작된다. 스노우볼은 그의 개인적 권력 유지 수단으로 풍차 건설을 의도하지는 않았지만, 결과적으로 동물들로 하여금 앞으로 다가올 엄청난 노동도 잊은 채 '유토피아적 환상'에 빠지도록 만든다. 그 한 예로 까마귀 몰리는 돼지들의 지시로 구름 저쪽 너머엔 모든 노동에서 해방되는 '얼음 사탕 산'이 있다고 동물들을 선동하고 부추긴다.

결국 동물들은 풍차가 건설되면 현재의 어려움이 보상 받게 되리라는 막연한 기대감에 휩싸여 다시 노예 상태로 회귀하게 된다. 동물들은 풍차가 건설된 후에도 '일주일에 사흘만 일하면 된다.'는 스노우볼이 선동했던 환상적인 꿈은 이루지 못하고 오히려 나폴레옹의 지시로 또 다른 풍차 건설을 하게 된다. 이것은 육체적 및 정신적 에너지를 하나의 목적 달성이 끝나면 또 다른 목적으로 전이시킴으로써, 현재의 어려움을 인식하는 일탈적 사고를 막는 데 그 목적이 있는 것이다. 오웰은 풍차 건설과 같은 노동의 억압은 전체주의 국가의 지속적인 주민 통제의 한 방법임을 시사해주고 있다.

두 번째로 스노우볼과 나폴레옹의 의견 대립은 농장의 방위 문제에서 그 절정을 이루고 있다. 이것은 트로츠키와 스탈린 사이에서 근본적 대립관계를 이루고 있던 정치적 이데올로기의 갈등을 극화한 것이다. 스노우볼과 나폴레옹은 힘을 서로 합쳐 싸운 '외양간 전투'의 승리 후 농장의 방위 문제로 대립하게 된다. 나폴레옹은 우선 농장의 자체 방어를 주장했고, 스노우볼은 많은 비둘기들을 다른 농장으로 보내 거기에서도 반란을 일으키도록 선동해야 한다고 주장한다.

다시 말해 한쪽은 만약 동물들이 스스로를 방어하지 않으면 정복당하게 될 것이고, 다른 한쪽은 반란이 다른 곳에서도 연쇄적으로 일어난다면, 스스로를 방어할 필요가 없게 될 것이라는 주장이다. 이것은 각각 러시아의 혁명과정에서 세계적인 공산주의 혁명 없이도 한 나라에서 사회주의를 건설할 수 있다는 스탈린의 '일국사회주의' 이론과 한 나라에서만의 사회주의 건설은 불가능하며, 따라서 후진국가에서의 프롤레타리아 혁명의 연속적 추진을 주장하는 트로츠키의 '영구혁명론'을 가리킨다.

여기서 우리는 오웰이 누구의 주장을 옹호하는지 이 소설에서 명확히 유추해내기는 어려우나, 다분히 '영구혁명론'을 지지하는 것 같다. 그는 '영구혁명'을 방해하려는 스탈린의 음모를 스페인에서 이미 충분히 경험한 바 있다. 거기서 그는 진정한 사회주의 혁명의 불꽃을 보았지만 스탈린의 방해로 그 결실을 맺지 못했다고 생각했다. 이 소설 전체를 놓고 생각해봐도 작가는 트로츠키 쪽에 많이 기운 것 같다. 작가는 스노우볼을 혁명정신에 입각한 진정한 사회주의자로 그리는 반면, 나폴레옹은 오로지 권력욕에만 사로잡힌 화신으로 묘사하고 있다.

그럼 트로츠키가 소련에서 추방당하지 않았다면 소련의 운명은 어떻게 되었을까? 그리고 『동물농장』은 어떻게 전개되었을까? 역사에서 가정은 있을 수 없는 일이지만, 이후 소련의 운명에 대한 이야기는 정치학자나 역사학자들의 몫으로 돌려야 될 테고 여기에서 분명한 것은 스노우볼이 동물농장에서 쫓겨나지 않을 테고, 다음 소설 『1984년』도 그렇게 어둡지만은 않았을 것이다.

프롤레타리아 계급의 전형, 복서와 클로버

『동물농장』에 등장하는 복서와 클로버는 프롤레타리아 계급 노동자의 전형이다. 복서는 동물농장에서 없어서는 안 될 존재로 풍차건설에 엄청난 힘을 발휘해 열심히 일을 하는 말이다. 하지만 그는 남을 의심할 줄 모르고 어리석어 나폴레옹에 의해 완전히 세뇌당해 있다. 나폴레옹 동지는 스노우볼이 처음부터 존스의 첩자였노라고 언명했었다고 스퀼러가 이야기하면 복서는 "나폴레옹 동지가 그렇게 말했다면 그건 옳은 말입니다."[50]라고 말하고 있다.

사실 그는 동물농장에서 어느 동물들보다 힘이 세다. 이런 힘을 나폴레옹에게도 발휘해 그의 정권을 전복시킬 수도 있을 것이다. 그럼에도 불구하고 복서는 우둔하고 단순해서 과거에 대한 기억을 개념화하지 못할 뿐 아니라 동물농장이 처한 현재의 정치적 상태를 인식하지 못하고 있다. 결국 그는 풍차 건설 도중 쓰러져 돼지들이 그를 병원으로 보내는 체하지만, 실은 술을 사 먹기 위해 도살업자에게 팔아 버린다. 이 순간조차 그는 너무 단순해서 자신의 문제에 대해 인식하지 못하고 있다.

복서가 폐마 도살업자의 짐마차로 옮겨지는 대목은 이 소설에서 가장 감동적인 장면 중의 하나이다. 벤자민이 도살업자의 마차에 "알프레드 시몬즈, 폐마 도살 및 아교 제조업, 윌링돈, 피혁과 골분 매매, 개집 공급"[51]이라고 적혀 있는 글자를 동물들에게 읽어주자마자 마차는 쏜살같이 도망쳤다.

동물농장에서 작가가 바라는 진정한 혁명을 수행할 주체자가 될 수도 있는 유일한 동물이라고 할 수 있는 복서조차도 억압적인 정치 현실을 극복해 혁명 정신의 이론적 정립으로 이어지지 못하고 있다. 진한 감동과 페이소스를 불러일으키는 이 서글픈 장면은 복서의 명백한 우둔성에서 빚어진 필연적인 운명이긴 해도, 그의 우둔성이라는 것도 동물농장에서 육체적인 착취와 정신적 세뇌를 당한 결과인 것이다. 이렇게 오웰은 복서라는 등장인물을 통해 끊임없는 고달픈 노동은 육체뿐 아니라 정신세계도 우둔하게 만든다는 것을 경고한다.

복서가 깃발을 높이 들고 전진하는 프롤레타리아 계급의 남성적 전형이라 한다면 클로버는 따뜻한 모성상을 대변하는 어머니 같은 노동자이다. 클로버는 복서와는 달리 동물농장에서 혁명 이전의 상태를 흐릿하게나마 기억하는 동물이다. 그럼에도 불구하고 그녀의 마음속에는 반란이나 불복종 따위는 존재하지 않는다. 어떤 일이 있어도 나폴레옹에게 충성하고 열심히 일할 것을 맹세한다.

복서가 과거에 대한 기억이 전혀 없는 우둔한 동물로 상징된다면, 클로버는 과거를 기억하는 인식능력이 다소 있지만 자신의 마음을 달래기 위해 '영국의 동물들'이라는 노래만을 부를 수밖에 없는 본능적으로 '합리론자'이자 '평화주의자'이다. 복서의 육체적 힘이 혁명정신으로 이어지지 못하는 것처럼 그녀의 사고 또한 진보적으로 발전하지 못한다.

복서와 클로버 외에도 우리가 눈여겨봐야 할 또 다른 동물이 있다. 벤자민이라는 당나귀이다. 그는 동물농장에서 돼지들을 제외하고 과거의 사실을 확실히 기억하고 있는 유일한 동물이다. 그는 이 소설에서 어느 사회에서나 존재하는 냉소주의자로 그려지고 있다. 그는 삶은 항상 어려웠으며 미래에도 여전히 어려울 것이라고 믿고 있고, 미래의 개선과 발전에 회의적인 희망을 가지고 있다. 그에게 굶주림, 노고, 실망은 세상살이의 불변의 법칙인 것이다.

  이렇게 그는 냉소주의자의 전형으로 천성적으로 이기적이고 비정치적인 인간의 관점을 대변해 주고 있다. 오웰은 그를 통해 실천력이 결여된 현대의 무책임한 지성에 대한 날카로운 비판을 가하고 있다. 『동물농장』의 벤자민은 『1984년』의 윈스턴으로 연결된다. 윈스턴은 무책임하고 무기력한 현대 지성인에 대한 비판을 극복하고 반성적 차원에서 탄생된 인물이다. 그는 벤자민과는 달리 전체주의에 나름대로 반항하고 반역을 꾀하고자 하는 인물로 묘사된다. 과연 그는 벤자민과는 전혀 다르게 무기력한 지성인의 모습을 떨치고 나와 역동적인 저항을 통해 자신의 혁명을 달성할 수 있을까? 그건 두고 볼 일이다.

언어의 왜곡과 변질

  복서와 클로버의 문제는 오웰이 『1984년』에서 전체주의 사회 속의 프롤레타리아 계급의 전형으로 제시한 '프롤(노동자들)'로 그대로 옮겨진다. 이 소설에서 주인공 윈스턴은 끊임없이 프롤에게서 당을 분쇄시킬 혁명을 기대하지만 그들은 결국 혁명을 일으키지 못하는 무능한 존재일 뿐이다. 프롤과 마찬가지로 복서를 위시한 동물농장의 동물들 역시 무능한 존재일 뿐이다. 이렇게 동물들이 그들의 새로운 억압자를 인식하지 못하도록 만드는 데는 '과거 말살'을 위해 전체주의가 자행하는 수단 중 하나인 '언어의 왜곡'을 통해 가능하다.

『동물농장』에서 가장 비관적인 국면 중 하나는 혁명 정신에 입각한 7계명이 언어의 왜곡을 통해 서서히 변질되어 간다는 점이다. 이런 언어의 왜곡 과정은 『카탈로니아에 대한 경의』에 이어 『동물농장』에서도 주의 깊게 살펴보아야 할 주제 중의 하나이다. "어떤 동물도 침대에서 자서는 안 된다."[52]가 "어떤 동물도 시트를 덮고 침대에서 잠을 자서는 안 된다."로 바뀌고, "어떤 동물도 술을 마셔서는 안 된다."가 "어떤 동물도 너무 많이 술을 마셔서는 안 된다."[53]로 바뀌었다.

결국 7계명은 모두 사라지고 그 대신 "모든 동물은 평등하다. 그러나 어떤 동물은 다른 동물보다 더욱 평등하다."[54]라는 단 하나의 계명만 남게 되었다. 동물주의의 본질을 이루는 불변의 계율임을 밝혀놓은 7계명은 이제 이데올로기라 부를 수 없을 정도로 빈약한 하나의 구호로 전락한 것이다.

그럼에도 불구하고 동물들은 과거에 대한 기억이 없어 이전의 7계명이 어떠했는지 확신이 없다. 그 이유는 그때마다 스퀼러가 나타나 7계명은 바뀐 것이 아니고 원래부터 그렇게 적혀 있었던 것이라고 거짓말을 하며 동물들을 선동하기 때문이다. 게다가 그는 동물들의 식량배급이 줄어들어도 '감소'라는 말 대신 '조정'이라는 용어를 사용하는 것과 같은 고도의 언어 전술을 구사한다.

따라서 동물들은 스퀼러의 조직적인 거짓말, 양들의 대중 선동 등과 같은 언어의 왜곡으로 인해 과거에 대한 진실을 완전히 기억하지 못하고 있다. 그들에겐 과거는 없고 오로지 현재만 있을 뿐이다. 과거에 대한 '기억 말살'은 대중을 지배하기 위해 전체주의자들이 사용하는 중요한 수단이 되고 있다. 『동물농장』에서는 스퀼러로 대변되는 정치선동가가 중심이 되어 과거를 왜곡하지만, 『1984년』에 가면 더욱 구체적이고 조직적으로 나타난다.

전체주의와 인간의 운명
―『1984년』론

등장인물

윈스턴 스미스

    이 소설의 주인공. 오세아니아의 런던에 살고 있는 서른아홉 살의 외부당원으로 진리성에서 신문이나 잡지에 실렸던 과거의 기록을 날조하는 일을 하고 있다. 그가 살고 있는 오세아니아는 육체적 자유는 물론이고 인간의 사고나 감정까지도 지배하는 숨막히는 세계이다. 어딜 가도 텔레스크린이 일거수일투족을 감시한다. 그는 오세아니아의 전체주의적 사회에 반감을 가지고 있으며 반역을 꾀하는 인물이다.

줄리아

윈스턴이 일하고 있는 진리성에 근무하는 여성 외부당원이다. 그녀 역시 자신의 일에 회의를 느끼고 단지 살아남기 위해 일을 할 뿐이다. 윈스턴을 만나 사적 세계를 형성해 그와 사랑을 나눈다. 그녀는 윈스턴과 달리 반역을 도모해 빅브라더를 전복할 의지가 없는 소극적 인물이다. 그녀는 그저 윈스턴과 육체적 사랑을 나누고 개인적 자유를 만끽하는 데만 만족하고 있는 인물이다.

오브리언

오세아니아의 모든 권력을 쥐고 주요 직책을 독점하고 있는 내부당원 중 한 사람. 빅브라더를 전복시키기 위해 조직된 '형제단'의 일원으로 가장해 윈스턴에게 접근한다. 결국 그는 윈스턴과 줄리아를 체포해 고문을 가한다. 제3부에서 오세아니아의 전체주의 권력의 본질에 대해 윈스턴과 설전을 벌인다.

빅브라더

오세아니아 정치조직의 최고 정점에 있는 당이 만든 가공인물이다. 당은 오세아니아 국민들에게 빅브라더에 대한 충성심을 끊임없이 주입한다. 이 소설에 직접 등장하지 않는다.

차링턴

고물상 주인으로 가장한 사상경찰 요원이다. 자신이 경영하는 고물상 2층 다락방을 윈스턴에게 빌려주고 그의 동태를 감시한다. 그는 윈스턴과 줄리아를 체포해 오브리언에게 넘긴다.

사임

당에서 추진하는 신어사전 제11판을 편집하는 데 종사하고 있는 신어 전문가이다. 사전이 다 완성된 후 그는 당에 의해 제거된다.

임마누엘 골드스타인

한때 빅브라더와 같은 지위에 있던 당의 지도급 인물. 당의 공식적 발표에 따르면, 반혁명 활동을 하다가 지하로 숨어 현재 당을 전복하기 위해 결성된 비밀 지하조직인 '형제단'을 이끄는 지도자이다. 이 소설에 직접 등장하지 않는다.

유토피아와 반유토피아

1949년 9월 『1984년』이 출판되었을 때 이 소설은 서구, 특히 영국과 미국의 문단에서 엄청난 센세이션을 불러일으켰다. 이 소설을 일컬어 '일급의 정치문서', '공포 이야기와 정치

문서의 결합'이라고 말하는 등 허구적 작품이라기보다는 정치문서에 가깝다고 하는 비난 섞인 입장이 나왔는가 하면, "이것은 위대한 책이다. 하지만 나는 앞으로 이와 같은 책을 또다시 읽지 않게 되기를 바란다."[55]는 일종의 공포소설로 평가하고 있다.

그러나 하우는 "이 소설은 진정한 증언을 하고 있으며, 우리 시대를 대변하고 있다."[56]고 평가하기도 하고, 아이작 도이처는 "우리 세대에 쓰인 소설 중 『1984년』만큼 큰 대중성을 확보한 소설도 없으며, 설사 있다 하더라도 정치에 이만큼 큰 영향을 준 작품은 없다."[57]라고 찬사를 보내고 있다. 이렇듯 이 소설은 처음부터 비평가들로부터 고통스럽기까지 한 비난과 극도의 찬사를 동시에 받은 후에, 계속 독자들에게 비상한 관심을 일으키며 문제 소설로 부상해 '반(反)유토피아 소설'의 대표작으로서 문학적 위상을 차지하고 있다.

『1984년』은 러시아의 소설가인 예브게니 자미아틴의 『우리 We』와 영국의 소설가 올더스 헉슬리의 『멋진 신세계 Brave New World』와 더불어 세계 3대 '반유토피아 소설'로 분류된다. 반유토피아 소설을 이해하기 위해서는 먼저 '유토피아(utopia)'라는 용어부터 살펴봐야 할 것이다.

원래 유토피아라는 용어는 토머스 모어가 쓴 『유토피아』라는 작품에 묘사되어 있는 상상의 섬이다. 어원적으로 살펴보면 '없다'는 뜻의 그리스어의 u와 '장소'라는 뜻을 지닌 topos로 이루어진 복합어이다. 따라서 '유토피아'라는 용어는 '어디에도 없는 땅'이라는 뜻이다. 모어의 작품에 나오는 '유토피아'라는 섬의 주민들은 완벽한 사회·정치·법률 제도 속에서 인간이 완전한 자유를 누리는 이상사회로 그려지고 있다. 따라서 유토피아는 현실세계로부터 멀리 떨어진 상상 속에 존재하는 미지의 땅, 또는 이상국가를 지칭하게 되었다.

정리하면 인간이 꿈꿔볼 수 있는 이상향(理想鄕)이라 할 수 있다. 그런데 이 용어는 부정적인 의미와 긍정적인 의미를 동시에 지니고 있다. 부정적인 의미로 볼 때는 '현실적으로 존재하지 않는 곳'을 가리키는 것으로, 비현실적이고 실현 불가능하다는 의미를 지니고 있다. 긍정적 의미로 본다면, 이는 인간의 가장 고귀한 꿈이 실현되는 지고(至高)의 선과 행복이 존재하는 '이상적인 장소'를 가리킨다.

그런데 오웰의 가슴 속에는 이런 유토피아가 존재하지 않는다. 서구의 정치사를 한눈에 꿰고 있는 그에게 인간의 미래는 유토피아는커녕 암울하기 짝이 없는 어두운 상황만이 펼쳐질 뿐이었다. 즉, 20세기 초의 혼란스러운 사회 분위기 속에서 유토피아적 분위기는 그것에 반대되는 환멸과 절망만 남게 되는 '반유토피아적 정신'으로 바뀌게 된 것이다.

전체주의라고 일컫는 나치즘, 파시즘, 스탈리니즘의 등극과 그것들의 폭력성, 두 차례의 세계대전, 스탈린의 폭력 등이 모든 사건들이 보다 이성적이고 인간적인 세계를 향한 계몽된 인간의 신념을 뿌리째 뒤흔들어 놓았다. 낙관적인 미래에 대한 꿈이 결과적으로 양차 세계대전으로 나타나자 이제 인간 세상에서 할 수 있는 일은 하나도 없다고 오웰은 생각하게 되었다. 그는 우리의 미래 상황은 청사진이 제시하는 대로 이룩되지도 못하고, 또 그렇게 될 수도 없다고 인식하고 있다. 즉, 우리가 미래의 사건들에 영향을 줄 수 있는 방법은 없는 것이다. 이제 '반유토피아'만이 유토피아적 비전을 대신할 수 있을 뿐이다.

반유토피아 소설

'유토피아'가 인간이 꿈꿀 수 있는 최고의 '이상향'이라고 한다면, '반유토피아'는 인간이 예견해 볼 수 있는 최악의 미래상황이라고 할 수 있겠다. 따라서 유토피아 문학이 중세 이후 사람들의 희망과 자신감을 표현한 데 반해, '반유토피아 문학'은 현대인의 무력감과 절망감을 표현하고 있다. 그러나 유토피아 문학도 마찬가지겠지만 반유토피아 문학의 본질도 먼 미래에서가 아니라 현실 사회에 기반을 두고 있으므로 현실에 대한 부정은 곧 현실에 대한 비판으로 해석된다. 그러므로 이런 문학은 현실 비판의 척도로 읽혀진다.

『1984년』은 이와 같은 환멸과 절망만이 남아 있는 당대 정치적 현실을 바탕으로 미래의 오세아니아라는 전체주의 사회를 그린 '반유토피아 소설'이다. 전체주의라는 말은 원래 1925년경 무솔리니의 연설 속에서 어렴풋이 나타났다가 1932년 무솔리니가 『이탈리아 대백과사전』에 한 조항을 삽입시키면서 통용되기 시작했다. 거기에서 그는 자신을 '전체주의자'로 선언했으며 이탈리아 파시스트당을 전체주의 국가로 칭했다. '전체주의'란 '개인은 전체 속에서 비로소 존재가치를 가진다는 주장을 논리로 삼아 개인보다는 국가 이익을 우선시하는 권력사상 또는 국가체계'를 가리킨다. 전체주의는 국가의 이익을 위해 인위적인 국가 이데올로기의 무제한적 권력을 의미하는 것이기 때문에 개인의 모든 영역에 걸친 생활은 완전한 통제와 간섭을 받게 된다. 역사적으로 전체주의는 특히 1920년대부터 1940년대에 이르기까지 히틀러의 '나치즘', 무솔리니의 '파시즘', 그리고 스탈린의 '스탈리니즘'을 주로 일컫게 되었다.

  『1984년』은 전체주의적 세계의 예언적인 악몽을 다루고 있지만 이 소설이 자아내는 공포는 작가에 의해 경험된 것이지 단순히 허구적인 것은 아니다. '빅브라더'는 오웰의 상상력의 산물이지만 『제국은 없다』에서 플로리를 딜레마에 빠뜨리게 한 제국주의, 『카탈로니아에 대한 경의』에서의 공산주의자들이 저지른 진실 왜곡, 『동물농장』에서의 혁명적 이상이 사라진 돼지들의 전제주의 등을 인식한 오웰에게는 '빅브라더'의 출현은 어쩌면 당연한 귀결점인지도 모른다. '빅브라더'가 오웰의 경험에 의해 당대의 필연적 산물이라면, 제도에 반역하는 윈스턴 역시 반유토피아 문학에서 탄생될 운명을 지닌 '오웰식' 인물인 것이다.

『1984년』의 기본적 메시지는 전체주의가 인간의 육체적인 면뿐 아니라 정신적인 감정과 사고까지도 철저히 파괴시켜 상상력마저 앗아가게 되는 전율스러운 미래에 대한 경고이다. 이 소설에 제시되어 있는 세계는 오세아니아, 이스트아시아, 그리고 유라시아로 일컫는 초강대국으로 구성되어 있다. 이들 초강대국들의 행정구조는 근본적으로 같은 것으로서 하나의 당이 있는 과두집단체제로 각 국민들에게 전체적인 문화적 획일성을 강요한다.

오세아니아에는 "빅브라더가 당신을 주시하고 있다."[58]라고 협박하는 대형 포스터가 모든 거리와 건물에 붙어 있고, 사람이 존재하는 모든 곳에 송수신이 가능한 텔레스크린이 걸려 있고, 심지어 인적이 드문 숲속이나 들판에도 마이크로폰이 숨겨져 있다. 그리고 시내에는 수시로 헬리콥터가 떠다니며 건물 안을 감시하고 거리마다 사상경찰이 돌아다닌다. 한마디로 인간으로서는 도저히 살 수 없는 숨막히는 세계이다.

기술적 전체주의

『1984년』을 스탈리니즘만이 중심이 되는 정치적 전체주의를 다룬 것으로 착각해서는 안 된다. 이 소설의 배경이 되는 초강대국 오세아니아에 속해 있는 '에어스트립 원'은 오늘날의 자본주의 국가인 '영국'을 가리키며 윈스턴이 살고 있는 도시도 '런던'이다. 그리고 오세아니아는 높이가 지상 300미터나 되는 초고층 건물들과 인간을 끊임없이 감시하는 '텔레스크린' 등으로 보아 과학기술이 고도로 발전된 국가이다. 따라서 이 소설이 그리고 있는 오세아니아 사회는 폭력과 억압만이 정치 이데올로기를 이루는 '정치적' 전체주의 국가인 동시에, 경제적으로는 고도의 '기술적' 전체주의 국가이기도 하다.

정치적 전체주의와 기술적 전체주의는 서로 뗄래야 뗄 수 없는 관계를 지니고 있다. 정치적 전체주의의 권력을 행사하기 위해서는 무엇보다 고도의 기술적 발전이 뒷받침되어야 함은 당연하다. 전체주의 지배의 본질이 인간으로부터 인간성을 박탈해 인간을 쓸모없게 만드는 것이라고 한다면, 고도의 기술사회 역시 가능한 인간을 자연적 속박으로부터 해방시켜 인간에 의해 완전히 통제될 수 있는 인위적 세계를 구축하는 경향이 있다.

그렇게 되면 인간은 소위 에리히 프롬이 말하는 '골렘'[59],

즉 '생명이 부여된 인조인간'과 같이 기계처럼 행동하는 인간, 인간처럼 행동하는 기계가 되어버리는 '자동인형'으로 전락할 위험에 빠지게 된다. 그렇게 본다면 오세아니아 사회는 '이중사고', '사상경찰', '기억말살'로 대변되는 정치적 전체주의와 '텔레스크린'과 '마이크로폰'으로 대변되는 고도

영화 「1984년」의 한 장면. 대형 포스터에 빅브라더 얼굴과 'BIG BROTHER IS WATCHING YOU(빅브라더가 당신을 주시하고 있다)'라고 적힌 글귀의 일부가 보인다.

의 기술주의가 병존하는 사회라고 말할 수 있다.

따라서 이 소설은 앞서 언급했듯이 스탈리니즘이라는 '정치적' 전체주의와 자본주의라는 '기술적' 전체주의가 교묘하게 혼합되어 있음을 확인할 수 있다. 다시 말하면 인간이 물품화되어 생산과 소비 과정의 부속물로 전락하고 인간이 기계처럼 정형화된 일만 하는 고도의 관리 산업사회시대에 대한 경고이기도 하다.

스탈린이 죽은 지도 이미 반세기가 지났고 소련을 비롯한 동구권의 사회주의가 용도폐기 되었다고 해서 이 소설 속의 상황은 거짓이며 더 이상 우리들의 미래가 아니라고 위안해

서는 안 된다. 또 1984년이 지났는데도 오세아니아와 같은 상황이 전개되지 않았지 않느냐 하는 것도 순진한 생각이다.

물론 오세아니아의 전체주의는 스탈리니즘을 그 모델로 삼았지만 자본주의와 과학주의가 고도로 발전된 미래의 어느 시대, 어느 국가에서도 일어날 수 있는 최악의 시나리오를 상정(上程)시켜 놓은 반유토피아적 세계이다. 따라서 이 소설은 이미 구축된 소련의 전체주의를 겨냥하고 있기도 하고, 인류의 종말이라는 주제로 자본주의의 타락과 그 붕괴를 그린 것이기도 하다.

이중사고와 신어

이 소설에서 우리가 눈여겨봐야 할 대목 중 하나는 『동물농장』에서도 그렇겠지만 주민들에 대한 과거 통제 방식이다. "과거를 지배하는 자는 미래를 지배한다. 현재를 지배하는 자는 과거를 지배한다."[60]는 당의 슬로건에서도 엿볼 수 있듯이, 과거 통제는 오세아니아의 핵심적인 통치수단이다. 윈스턴이 선술집에 들어가 어느 노인에게 과거에 대해 물어보았지만 그는 과거에 대해 아는 것이라곤 아무것도 없었다.

당은 인간의 과거를 통제해 인간의 감정까지도 지배하려고 하기 때문에 오세아니아 주민들의 머리엔 위 노인의 경우처럼 과거의 기록이 말살되고 오로지 당이 지배하는 현재만

이 존재할 뿐이다. 오웰은 이런 '과거통제'는 '이중사고'와 '신어'라는 수단에 의해 가능하다고 밝히고 있다.

'이중사고'란 한 사람의 마음속에 두 개의 상반된 신념을 동시에 받아들이는 힘을 의미한다. 거짓말을 하면서도 그것을 진실로 믿고, 과거를 잊어버렸다가 필요할 때 다시 망각 속에서 기억해내는 것, 다시 말해 객관적 실체를 부정하면서도 언제나 그 부정한 실체를 인정하는 것이 필요하다.

따라서 오세아니아에서는 '전쟁은 평화'가 되고, '자유는 예속'이 되고, '무지는 힘'이 된다. 그리고 진리성이 '허위'를 날조하고 평화성이 '전쟁'을 주관하게 되는 것이다. 보편적 사고로는 전쟁은 평화가 될 수 없고, 자유는 예속이 될 수 없으며, 무지는 힘이 될 수 없지만 '이중사고'를 받아들이면 그런 모순에 저항할 사고체계가 없어져 버린다.

'이중사고'에 대한 오웰의 냉정한 예언은 오늘날 그대로 적중하고 있는 것 같다. 이 소설의 '평화성'처럼 나라를 지킨다는 뜻의 '국방성'의 군대가 남의 나라를 침략하고, 남의 나라를 점령한 군대가 '평화유지군'이 되고, 공격을 위한 핵무기의 이름이 '평화의 수호자'라 해도 우리 대다수는 아무렇지 않게, 혹은 당연하게 받아들인다. 이런 게 바로 '이중사고'의 영향 아닌가.

'이중사고'와 더불어 주민을 통제하는 또 다른 수단으로

'신어' 창조에 의한 방법이 있다. 오웰은 '신어의 원리'를 『1984년』의 부록으로 첨부해 놓고 '신어'의 창조에 대해 상세히 적고 있다. 신어의 목적은 사고의 영역을 넓히기 위해서가 아니라 줄이기 위해 만들어졌다. 필요한 모든 개념은 '하나'의 단어로만 표현되고 다른 보조적 의미는 다 제거된다.

대표적 예를 들면 '자유로운(free)'이라는 단어가 있다. 하지만 이 말은 '정치적으로 자유로운(politically free)'과 같은 의미로는 사용될 수 없고 오로지 '없는'의 뜻으로만 사용될 것이다. 그렇게 되면 '정신적으로 자유로운'이나 '지적으로 자유로운'과 같은 말은 개념조차 존재하지 않게 된다. 다른 예도 있다. '좋은(good)'이라는 말이 있다면 '나쁜(bad)'이라는 말 대신 아무 생각 없이 입에서 바로 튀어나오도록 '안 좋은(ungood)'이란 말로 대체된다. 또 '좋은'이란 말을 강조하고 싶으면 인간의 감정이 실려 있는 '우수한(excellent)'이나 '훌륭한(splendid)' 대신 '더 좋은(plusgood)'이란 기계적이고 산술적인 말이면 충분하다.

다양한 언어적 표현은 진지한 사고나 사색의 결과물이다. 그런데 언어를 이렇게 단순화시키고 줄이게 되면 그 단어에 대한 연상 작용이 그만큼 더 적어지게 되고, 결국 인간의 자유로운 사고 작용 자체가 줄어들게 된다.

오웰은 '이중사고'와 '신어'를 통해 언어 통제가 완전히 이루어질 경우 인간은 개인적 감정 따위가 불가능한 자동인형으로 전락하고 사회는 이루 말할 수 없는 황폐하고 메마른 사회가 될 것이라는 엄청난 우려를 표시하고 있다. 왜냐하면 언어란 한 사회의 특질을 대변해 주고 있는 바, 언어의 조정은 바로 그 사회 자체의 조정을 의미하기 때문이다.

윈스턴의 투쟁(1) – 과거의 기억

『1984년』에서 주인공 윈스턴은 전체주의 사회에 반역하는 인물로 그려져 있다. 이런 전체주의에 대항해 '인간적인 인간'으로 남아 있는 것이 과연 가능한가 하는 것이 오웰이 던진 화두라고 할 수 있다. 따라서 이 소설은 결코 성공이 보장되어 있지 않은 윈스턴의 정치적 투쟁의 과정과 결과를 면밀히 추적하고 있다고 해도 다르지 않다. 작가는 윈스턴의 의식의 지속적인 변모를 통해 전체주의 권력의 속성과 인간의 미래를 그리고 있다. 우선 그의 정치적 투쟁은 그가 과거 속으로 침잠함으로써 시작되고 있다.

그는 도시의 어느 빈민가의 조그만 고물상에서 40년 전에 만든 것으로 누렇게 변색되어 있는 일기장과 문진으로 사용되었을 것으로 짐작되는 유리로 된 반구체 모양의 묵직한 물건을 하나 구입한다. 그는 과거의 외형적 모습이 그대로 보관되어 있는 이 고물상에서 일종의 조상에 대한 향수를 느끼며 과거가 완전히 말살된 세계에서 과거의 흔적을 의식적으로 그려 보려고 애를 쓴다. 또한 그는 그의 어머니에 대한 꿈과 기억을 통해 과거와의 연결고리를 가지고 있다. 그는 기억을 더듬어 혁명 전의 삶이 어떠했는지에 대한 희미한 과거의 편린들을 찾으려고 한다.

그러나 그가 기억해낸 것은 행복한 것이 아닌, 과거는 단지 존재했다는 확신만을 가질 수 있는 이미지로서만 나타날 뿐이다. 증명할 수 있는 물적 증거가 없으면 자신의 생애마저 그 윤곽이 상실되어 버리는 세계에서 과거를 더듬어 보는 것은 힘든 일이었다. 전체주의 사회는 과거에 대한 통제를 통해 과거의 객관적 기록을 말소시키고, '이중사고'에 의해 과거의 기억은 물론 개인의 의식까지 해체시켜 버린다.

윈스턴의 투쟁(2)-행동의 저항

윈스턴의 정치적 투쟁은 이제 '일기'를 쓰는 구체적 행동으로 옮아간다. 그는 일기를 통해 현재의 역사를 후대에 과거의 역사로 알리고 싶었다. 그런데 오세아니아에서는 개인적 아이덴티티의 존재 자체가 인정되지 않기 때문에 일기를 쓰는 것과 같은 개인적 행위는 중대한 범죄행위이다. 일기를 쓰는 행위는 한 세대의 사람들을 다음 세대에 알릴 수 있는 진실한 기록이 되기 때문에 '영사'는 개인이 감정이나 사상을 일기에 쓰는 따위의 모든 개인적 행동을 말살시킨다. 그는 일기에 "자유란 둘 더하기 둘은 넷이라고 말하는 자유다."[61]라고 적고 있는데, 당에 의해 지배되지 않는 이런 개인적 행위까지 다 범죄에 포함되는 것이다.

윈스턴의 투쟁은 그가 일기를 쓰기 시작한 후 행동으로 옮기게 된다. 즉, 줄리아라는 한 여성과의 애정 관계를 통해 나타난다. 전체주의는 근본적으로 남녀간의 성적 쾌락을 반대한다. 전체주의는 집단적인 감정의 세계를 벗어난 개인적 세계의 창조는 허락하지 않는다는 뜻이다. 『우리』에서도 사람들은 사방이 유리로 되어 있어 안이 훤히 보이는 아파트에 살면서 당국의 허가를 받아 커튼을 치고 성행위를 한다. 윈스턴에게 있어 줄리아와의 성 행위가 의미하는 인간의 개인적 사랑은 사랑조차도 규격화하려는 전체주의에 대한 하나의 지속적인 저항이 될 수 있는 것이다.

윈스턴의 오브리언과의 접촉은 그의 투쟁의 세 번째 단계이다. 그는 일기를 쓰고 줄리아와의 성행위와 같은 소극적 저항을 뛰어넘어 이제 적극적인 행동의 저항을 하려고 결심한다. 그와 줄리아는 '형제단'의 일원이라고 믿어지는 오브리언을 통해 지하 비밀조직인 '형제단'에 가입한다. 그리고 그로부터 『과두정치의 집단주의적 이론과 실제』라는 책을 건네받는다.

이 글은 수년간의 오웰의 사상의 특질을 이루었던 많은 사상을 발전시킨 것으로서 역사를 계급투쟁의 관점에서 설명하고 영사의 기원과 오세아니아의 발전에 대한 연대기를 주 내용으로 하고 있다. 특히 현대 전쟁의 본질에 대해 상세히 적혀 있는데, 현대 전쟁이란 영토의 정복이나 그 방어를 위한 것이 아니고 자체의 사회구조를 공고하게 유지시키기 위한 것이다. 이렇게 3대 강국은 서로를 정복할 수 없기 때문에 사실상 독립된 하나의 우주로 그 안에서 어떤 인간성 말살도 가능한 것이다.

'프롤'에게 거는 윈스턴의 꿈

윈스턴은 전체주의에 반역하는 혁명정신을 노동자들에게서 찾고 있다. 오웰의 노동자계급에 대한 견해는 마르크스의 '물화(reification)' 개념과 연결해서 해석될 수 있다. '물화'란 자본주의 사회 하에서 인간의 노동은 상품화되고 인간은 물건으로 취급 당한다는 개념으로, 인간이 물건으로 바뀌었기 때문에 자기 소외의 과정이 절정에 도달했다는 것이다.

이러한 마르크스의 '물화' 개념은 독일의 마르크스주의 비평가인 게오르그 루카치에 의해 발전되었다. 그는 "노동력의 소유자인 노동자는 자기 자신을 상품으로서 생각할 수밖에 없다. 노동력이 자신의 유일한 재산이라는 것이 바로 노동자의 특수한 위치인 것이다."[62]라고 적고 있다. 그래서 '물화'는 부르주아 의식의 한계 내에서는 결코 극복될 수 없고 오직 프롤레타리아트의 계급의식에 의해서만 극복될 수 있는 것이다. 즉, 프롤레타리아트야말로 '상품 물신주의'와 착취의 '임금 형태'에도 불구하고 그 자신의 계급 이익에 대한 의식을 발전시켜, '물화'를 극복할 수 있다는 것이다.

윈스턴 역시 노동자들은 물화된 소외계층이지만 그것을 극복하고 당을 분쇄할 힘을 가지고 있다고 생각한다. '희망이 있다면 오직 무산계급자들에게 있다.'는 것이다.

> 당은 그 내부에서는 결코 전복될 수 없다. (중략) 그러나 무산 계급들은 자신의 힘을 인식할 수만 있다면 되는 것이다. 그들은 하려고만 한다면, 내일 아침에라도 당장 당을 산산조각내 버릴 수 있다. 머지않아 이런 일이 일어나야 한다.[63]

그들에게는 당원들과는 달리 아직 눈물, 포옹, 죽어가는 사람들에게 던지는 따뜻한 말 한마디 등 인간의 원초적이고 순수한 감정이 남아 있다. 이렇게 윈스턴은 이 소설에서 사회주의 혁명은 필연적으로 프롤레타리아트의 몫이라고 믿고 있다. 그러나 시간이 흐를수록 그의 신념은 어두워져만 갔다. 윈스턴은 그들이 강한 정치적 신념이라고 할 수 있는 계급의식이 결여되어 있다는 것을 알았다. 그리고 그들 모두는 이중사고에 지배되어 아르헨티나의 초원에 방목되어 있는 소 떼처럼 천부적인 열등자로 삶을 살아간다. 결국 윈스턴은 자신의 투쟁도 성공하지 못하거니와 그가 유일한 희망이라고 믿고 있는 무산자계급도 혁명적 운동을 일으키지 못한다는 것을 인식한다. 그는 "그들은 의식이 들 때까지는 반란을 일으키지 않을 것이다."[64]라고 느끼며 딜레마에 빠진다. 말하자면 그는 직관으로서는 노동자에게 희망을 걸 수 있었지만 현실적으로는 그 기대를 철회하고 마는 딜레마에 빠져 있었다.[65]

스페인에서는 내전 후 노동자를 중심으로 한 사회주의 국가의 탄생이 이루어지지 못했고, 러시아에서는 1917년 혁명이 스탈린의 등극으로 실패로 돌아섬에 따라, 사회주의자인 오웰이 기대했던 세계에 대한 비전은 이제 절망의 형태로만 남게 되었다. 윈스턴의 딜레마는 어쩌면 이런 작가의 내면적 갈등을 반영한 것이다. 이 소설의 노동자들은 『동물농장』의 복서, 클로버, 벤자민 등 무력한 동물들의 연장선일 뿐이다. 혁명은 단순히 유토피아에 불과한 것이다.

오웰의 마지막 메시지

결국 윈스턴은 사상경찰 간부인 오브리언이 쳐놓은 덫에 걸려 계속 감시를 당하다가 체포되어 애정성으로 끌려간다.

애정성 역시 진리성 건물과 마찬가지로 정부의 거대한 정치적 힘을 상징한다. 사상경찰에 의한 개인성 말살을 용이케 하기 위해 유리창이 달려 있는 윈스턴의 아파트와는 달리 애정성의 건물에는 창문이 없다. 이곳은 이집트의 파라오를 묻어 놓은 장소처럼 인간의 독립적인 사고와 개인성을 정신적으로 매장시키는 장소이다. 이곳에서 윈스턴은 오브리언에 의해 심문을 받는다.

윈스턴은 전체주의가 모든 것을 장악해도 인간의 원초적인 감정이나 사고는 통제할 수 없노라고 절규하며 끝까지 버틴다. 그러나 그는 애정성의 마지막 강제요법에서 '이중사고' 훈련을 받아 둘 더하기 둘은 때에 따라 다섯도 될 수 있다는 사실을 받아들인다. 마지막으로 그는 그가 그토록 중오했던 빅브라더를 이제 사랑하게 되었노라고 눈물을 흘리며 말하고 있다. 이제 그는 모든 개인성과 사고가 말살되어 '무덤 속으로 들어가기를 기다리는 시체'나 다름없게 된다.

오웰이 맨 처음 이 소설의 제목을 '유럽의 마지막 남자'로 염두에 두고 있었던 점, 그리고 심지어 영국의 문예 비평가인 어언 와트가 '1984년'보다 오히려 '마지막 인본주의자'가 더 어울리는 제목이라고 말한[66] 데서도 충분히 짐작할 수 있듯이, 윈스턴은 오세아니아에서 인간적인 인간으로 남아 있던 유일한 사람이었다. 무산자계급의 혁명정신도 현실화될 수 없고 '인간적인, 너무나 인간적인' 윈스턴도 마침내 전체주의에 굴복해 버려 오세아니아에는 이제 윈스턴을 끝으로 '인간적인 인간'이 더 이상 존재하지 않게 된 암담한 세계일 뿐이다.

이제 오세아니아 사회는 윈스턴과 같은 인간의 본성을 지키려고 하는 의식 있는 젊은이가 더 이상 존재하지 않는 '유토피아'가 총체적으로 상실된 절망적 사회이다. 작가는 역동적인 인간성이 상실된 세계에 대한 윈스턴의 투쟁과 실패를 보여줌으로써 당대 정치사에 깊은 혐오감과 환멸을 드러내고 있다. 나아가 그런 억압적인 정치상황이 계속된다면 미래의 언젠가는 인간의 자유뿐 아니라 정신까지도 억압당하리라는 데 대해 깊은 우려와 절망감을 표출하고 있다. 그것이 바로 먼 미래의 환경 속에 사는 사람들의 삶을 통해 현재를 비판하고 경고해 주는 '유토피아'나 '반유토피아' 문학의 본질이다.

물론 에리히 프롬도 지적하고 있지만 『1984년』과 같은 세계가 이 지구상에서 지배적인 삶의 형태로 나타난다면 그것은 미친 사람들의 세계이며, 그래서 인류가 생존할 수 없는 세계이다. 분명 작가는 물론이고 이 책을 읽는 독자들이라면 누구나 그런 세계가 닥쳐올 것이라고 믿고 싶어하지 않을 것이다. 오히려 작가는 그런 세계가 닥쳐왔을 때의 악몽을 미리 보여줌으로써 현대를 살아가는 우리들의 삶에 경고를 내리고 있다.

이 소설이 쓰인 해가 1948년이지만 이 소설이 주는 교훈은 당대에 그치지 않고 현재의 삶을 살아나가는 우리들에게도 여전히 유효하다. 오늘날 우리들은 핵무기를 비롯한 대량살상무기, 각종 테러, 빈익빈부익부의 이중구조, 환경 파괴 등으로부터 결코 자유스럽지 못하다. 윈스턴 스미스가 '빅브라더'의 공포에서 벗어나지 못했듯이 이 사회가 이대로 가다간 우리들도 이런 것들의 위협과 공포에 완전히 지배당할 가능성은 얼마든지 있다. 그는 우리들에게 이런 것을 경고하고, 우리들이 깨우치기를 원한다. 그는 절망과 환멸 속에서도 희망의 끈을 놓지 않고 있다.

이 소설에서 오웰이 던지는 메시지는 혼돈스러운 이 사회가 오세아니아와 같은 전체주의 사회로 치닫기 전에, 우리가 해야 할 일은 윈스턴과 같은 인간적인 인간으로 대변되는 '휴머니즘'에 바탕을 둔 사회를 복원시키는 것이라고 정리할 수 있다. 즉, 인간과 인간이 애정으로 맺어진 사회, 모든 사람들이 자기 존재를 느끼게 하는 사회, 진실을 왜곡하거나 우상을 숭배할 필요가 없는 사회, 인간의 존엄성이 지켜지는 사회의 부활이라고 말할 수 있다.

2 리라이팅

동물농장

1984

러시아혁명은 성공한 혁명인가, 실패한 혁명인가?

인간의 권력욕구는 과연 어디까지인가?

오웰은 『동물농장』에서 혁명의 이상적 사고는

과연 실천 가능한 철학인가를 인간의 권력욕구와 결부시켜

그 물음과 해답을 명쾌히 제시하고 있다.

또한 인류의 보편적 행복을 위해

계급적 차별이 없는 민주적 사회를 열망했던 오웰은

점점 암울해져만 가는 당대 유럽 정치를 보고

죽기 전 인류에게 뭔가 마지막 메시지를 던져야 함을 뼈저리게 느꼈다.

그는 『1984년』을 통해 우리들의 미래 사회는 이대로 가다간

'빅브라더'가 지배하는 오세아니아와 같은

전율스러운 사회가 될지도 모른다는 엄중한 경고를 내리고 있다.

동물농장

예언자 올드 메이저의 연설

  3월 초순 어느 날 밤 장원 농장의 존스 씨는 과음을 한 탓으로 닭장의 자물쇠를 제대로 잠그지 못했다. 그는 외양간을 대충 둘러보고는 집에 들어와 마시던 맥주를 다시 들이키고 잠자리에 누워 곯아떨어졌다. 이날 저녁 장원 농장의 동물들은 자신들이 존경하고 있는 수퇘지 올드 메이저가 꾼 꿈 이야기를 듣기 위해 창고에 모이기로 되어 있었다. 창고 한쪽 구석 높은 곳에 올드 메이저가 근엄하고 인자한 용모로 앉아 있다.

  곧이어 장원 농장의 동물들이 차례차례 들어와 자리를 잡기 시작했다. 맨 먼저 개들이 입장했고, 이어 돼지들이 들어와 단상 앞에 있는 짚더미 위에 자리를 잡았다. 그 다음에 암탉들, 비둘기들, 양들, 암소들이 들어왔다. 그들의 뒤를 이어 쌍두마차를 끄는 복서와 클로버가 조심조심 들어왔다. 복서는 키가 72인치나 되는 거구로서 좀 우둔하고 모자라는 인상은 풍기지만, 성격이 온순하고 착실할 뿐 아니라 힘이 굉장히 세어 장원 농장에서 없어서는 안 될 존재였다. 그리고 클로버는 나이가 중년기에 접어든 인자한 암말이다.

계속해서 염소 뮤리엘과 당나귀 벤자민이 들어왔다. 벤자민은 이 농장에서 나이가 제일 많았고, 성질도 까다로웠고 불평불만도 많았다. 새끼 오리들과 고양이들이 마지막으로 들어왔다. 뒷문 횃대에서 졸고 있는 까마귀 모세를 제외한 모든 동물들이 다 집합했다. 올드 메이저는 정신을 가다듬고 다음과 같이 연설을 하기 시작했다.

"동지 여러분, 간밤에 꾼 이상한 꿈 이야기를 하기 전 다른 이야기를 먼저 하겠습니다. 다름 아니라 내가 체험에서 얻은 지혜를 죽기 전 여러분들에게 전해 드리겠습니다.

동지 여러분, 우리들의 생활이란 어떤 것입니까? 비참하고 고생스럽고 짧습니다. 우리는 열심히 일한 대가로 풍요롭고 안락한 생활을 누릴 수 있는데도, 인간들이 우리가 생산한 것을 거의 빼앗아 가버립니다. 인간들은 생산은 하지 않고 소비만 하는 유일한 동물입니다. 동지 여러분, 인간은 우리의 적입니다. 모든 동물들은 동지입니다. 인간을 여기서 물리칩시다. 그러면 우리가 생산한 것은 모두 우리의 것이 될 것입니다."

바로 이때 시끄러운 소동이 일어났다. 개들이 쥐를 발견하고는 잡아먹으려고 했다. 이것을 본 올드 메이저는 즉시 투표를 실시해 쥐도 동지라는 것이 가결되었다.

"동지 여러분, 나의 메시지는 반란을 일으키자는 것입니다. 최후의 승리를 할 그 날까지 계속해서 투쟁합시다! 두 다리로 걷는 자는 우리의 적이고 네 다리나 날개를 가진 자는 모두 우리의 친구입니다. 그리고 우리는 인간을 닮아서는 안 됩니다. 어떤 동물도 집에서 살거나 침대에서 자거나 옷을 입거나 술을 마시거나 담배를 피우거나 돈을 만져서는 안 됩니다. 그리고 어떤 동물도 다른 동물을 죽여서도 안 됩니다. 모든 동물은 평등합니다.

자, 동지 여러분, 이제 간밤에 꾼 꿈 이야기를 하겠습니다. 그것은 인간이 사라진 이 지상에 대한 꿈이었습니다. 이 꿈을 통해 나는 대대로 내려오다가 오랫동안 잊혀 있었던 노래가 다시 생각났습니다. 그 노래는 바로 '영국의 동물들'입니다."

올드 메이저가 노래를 부르자 동물들은 열광의 도가니에 휩싸여 따라 부르기 시작했다.

반란의 성공 – 동물농장 탄생

사흘 후 올드 메이저는 숨을 거두었다. 올드 메이저의 연설은 동물들 중 총명한 돼지들에게 새로운 가치관을 심어주었다. 이들은 동물들의 반란을 위해 할 수 있는 것이 무엇인지를 잘 인식하고 있었다. 특히 나폴레옹, 스노우볼, 스퀼러가 다른 동물들을 이끄는 탁월한 재주를 가지고 있었다. 몸집이 크고 사나운 얼굴을 지닌 나폴레옹은 말재주는 없지만 한번 마음먹으면 자신의 의지를 관철시키는 것으로 유명하다. 스노우볼은 나폴레옹보다 말재주와 창의력은 더 뛰어나지만 생각은 더 깊지 못했다. 그리고 스퀼러는 몸집이 작고 행동은 민첩하고 목소리는 날카로웠다. 그는 다른 동물들을 설득시키는 재주가 남달랐다.

이 세 마리의 돼지들은 올드 메이저의 사상 체계를 정립해 그것을 '동물주의'라고 명칭을 붙였다. 그리고 창고에 몰래 모여 '동물주의' 사상을 다른 동물들에게 가르치기 시작했다. 그들의 계획은 착착 진행되어 나갔다.

6월 24일 성 요한 축일 전날 존스 씨가 과음을 해 잠든 사이 드디어 반란이 시작되었다. 동물들은 일제히 마구간을 박차고 뛰어나와 존스 씨와 일꾼들에게 달려들었다. 존스 씨 일행은 채찍을 휘두르며 막아보려고 했지만 역부족이어서 장원 농장을 팽개쳐두고 도망쳐 버렸다. 이렇게 해서 '반란'은 성공적으로 수행되었다. 존스는 추방되고 장원농장은 그들의 것이 되었다.

동물들은 억압과 굴레의 상징이었던 재갈, 사슬, 고삐, 굴레 등을 우물 속에 던져 넣거나 불에 태워 버렸다. 그런 다음 '영국의 동물들'을 계속해서 일곱 번이나 부른 후 잠자리에 들었다.

다음 날 아침 동물들은 일어나 장원 농장을 둘러보며 이 모든 것들이 자신들의 것이라 생각하며 감격에 흥분을 감추지 못했다. 농장을 둘러본 후 이들은 존스 씨의 집에 들어가 화려한 사치품들을 쳐다보았다. 동물들은 농가를 박물관으로 보존하기로 의견을 모으고 어떤 동물도 이곳에서 살아서는 안 된다는 결정에 동의했다. 그러는 사이에 몰리가 행방불명되었다.

반란 후 돼지들이 동물들을 이끌기 시작했다. 스노우볼은 농장 입구에 씌어 있던 '장원 농장'이라는 글자를 지우고 그 자리에 '동물농장'이라고 크게 페인트로 썼다. 그리고 창고의 한쪽 벽에 '동물농장'의 모든 동물들이 앞으로의 생활목표에 불변의 계율이 될 '7계명'을 적었다.

7계명

1. 두 발로 걷는 자는 적이다.

2. 네 발로 걷거나 날개가 있는 자는 친구다.

3. 어떤 동물도 옷을 입어서는 안 된다.

4. 어떤 동물도 침대에서 자서는 안 된다.

5. 어떤 동물도 술을 마셔서는 안 된다.

6. 어떤 동물도 다른 동물을 죽여서는 안 된다.

7. 모든 동물은 평등하다.

부패의 씨앗

　새 세상이 왔다. 동물들은 모두 정말로 열심히 일했다. 건초 수확량이 기대 이상이었다. 압제자로부터 먹이를 받아만 먹던 억압으로부터 해방되어 스스로 자급자족하게 되니 가슴이 벅차올랐다. 특히 복서는 존스 시대에도 열심히 일을 했지만 이제는 아침부터 저녁까지 더 열심히 일했다. 농장에서 문제가 생길 때마다 그는 "더 열심히 일하자!"라고 말했는데 이것을 자신의 좌우명으로 삼기까지 했다. 돼지들은 일은 하지 않고 다른 동물들을 감독만 했다. 그런데 벤자민은 반란 전이나 후에도 조금도 변하지 않았다. 일도 열심히 하려 하지 않고 반란의 결과에 대해서도 어떤 의견도 피력하지 않으려 했다.

스노우볼이 낡은 녹색 식탁보에 하얀색으로 발굽과 뿔을 그려 깃대에 게양했다. 동물들은 일요일에 모여 기를 게양하고 다음 주에 할 일을 의논했다. 스노우볼과 나폴레옹은 서로 의견이 달랐다. 한쪽이 제안하면 다른 쪽이 그것을 반대했다.

동물들은 '동물 위원회'를 조직하고 글자를 쓰는 법을 배우고 기술을 익히기 시작했다. 그런데 나폴레옹은 스노우볼의 위원회에는 관심이 없었다. 그는 어린 새끼들의 교육이 중요하다고 말한 뒤 자기가 그 교육을 맡겠다고 하면서 아홉 마리의 새끼 강아지를 어딘가로 데려갔다.

어느 날 젖소에서 짠 우유가 없어지는 사건이 있었는데 그 비밀이 밝혀졌다. 그 우유는 매일 돼지들의 먹이 속에 섞여 들어갔으며 바람에 떨어진 사과도 모조리 돼지들의 먹이로 가져갔다. 몇몇 동물들이 불평을 늘어놓았지만 소용이 없었다. 나폴레옹과 스노우볼조차 의견의 일치를 보았다. 스퀼러가 다음과 같이 말했다. "동지 여러분, 우리 돼지들은 머리를 쓰는 일꾼들입니다. 이 농장은 우리들에게 달려 있습니다. 우리가 우유와 사과를 먹는 것은 모두 여러분들을 위해서입니다. 우리 돼지들이 의무를 수행하지 못한다면 어떤 일이 일어날지 알고 있습니까? 존스가 되돌아옵니다!"

그가 이런 식으로 설명하자 존스가 돌아오는 것을 바라지 않는 다른 동물들은 아무 말도 하지 않았다.

외양간 전투

'장원 농장'에서 쫓겨난 존스 씨는 이웃 마을 술집에 죽치고 지내며 세월을 보내고 있었다. '폭스우드' 농장과 '핀치필드' 농장이 '동물농장'과 이웃하고 있는데 '폭스우드'의 농장주인 게으른 필킹톤 씨와 '핀치필드'의 농장주인 프레드릭 씨는 서로 미워하는 사이였다. 그런데 '장원 농장'이 동물들의 수중에 넘어갔다는 소식을 듣고 자기들 농장의 동물들이 이런 사실을 알지 못하도록 했다. 그러나 동물들의 반란 소식은 급속도로 퍼져 나갔으며 무엇보다 '영국의 동물들'의 곡조와 가사는 사방에 알려지기 시작했다.

곡식을 거두고 있던 10월 초, 비둘기 떼가 '동물농장'의 마당에 내려앉아 존스와 그의 일당이 폭스우드와 핀치필드의 일꾼들을 데리고 농장으로 향하고 있다는 소식을 급히 전했다. 즉시 스노우볼은 전투준비를 명령했다. 스노우볼의 전략에 따라 동물들은 인간들의 공격에 맞서 방어를 했다. 복서가 징 박은 커다란 발굽으로 마구간지기 소년의 정수리를 후려치는가 하면, 고양이도 발톱으로 인간들의 목을 할퀴며 전투에 합세했다. 드디어 인간들이 후퇴하고 전투는 성공적으로 끝났다. 이 전쟁은 '외양간 전투'라 명명하고 스노우볼과 복서가 '제1급 무공훈장'을 받았다.

풍차 설계도와 스노우볼의 추방

몰리가 사라졌다. 며칠 후 술집 주인 같아 보이는 남자가 그녀의 코를 쓰다듬으며 각설탕을 먹여주고 있는 모습을 목격했다고 비둘기가 전했다.

겨울의 추위는 혹독했다. 동물들은 큰 창고에 모여 봄철에 할 일을 계획하는 데 여념이 없었다. 그런데 스노우볼과 나폴레옹은 의견이 항상 달랐다. 이를테면 어느 한쪽이 보리를 심자고 하면, 다른 한쪽은 귀리를 심자고 주장했다. 스노우볼은 농장의 여러 가지 혁신과 개선에 대한 복잡한 계획을 생각해 냈다. 나폴레옹은 자신의 계획은 내놓지 못했지만, 스노우볼의 계획은 실패할 것이라고 말할 뿐이었다.

얼마 후 스노우볼은 풍차에 대한 계획을 작성했다. 그는 책을 펼쳐놓고 분필을 발가락 사이에 끼고 이리저리 선을 그으며 풍차 설계도를 그려 나갔다. 다른 동물들은 설계도가 전혀 이해되지 않았지만 깊은 감동을 받았다. 그러나 나폴레옹은 어느 날 방 안으로 들어와 설계도 위에 오줌을 갈기고 나가 버렸다. 이제 농장은 풍차 문제로 두 파로 갈라졌다. 스노우볼의 의견은 이 사업이 완성되면 노동력이 절약되어 일주일에 사흘만 일하면 된다는 것이었다. 한편 나폴레옹은 농장에서 당장 시급한 것은 풍차건설이 아니라 식량 증산이라는 것이었다.

이것 외에도 또 다른 문제가 있었다. 외양간 전투에서 패배한 존스 일당이 다시 농장을 탈환할 것이 분명했다. 나폴레옹에 따르면 동물들이 무기를 구입해서 훈련하는 것이 급선무라는 것이며, 스노우볼은 더 많은 비둘기를 인근 농장에 보내 동물들에게 반란을 선동해야 한다고 주장했다. 다시 말해 한쪽은 자기 방어를 하지 못하면 반드시 정복당할 것이라는 주장이었고, 다른 한쪽은 반란이 사방에서 연쇄적으로 일어난다면 자기 방어의 필요성이 없어진다는 주장이었다.

스노우볼의 풍차 설계도가 완성되자 풍차 사업의 착수에 대한 표결이 있었다. 스노우볼은 풍차를 세워야 한다는 당위성을 역설하고 동물들의 지지를 호소했다. 나폴레옹은 그것의 무의미함을 주장했다. 다른 동물들은 스노우볼의 의견을 지지해 풍차 건설 쪽으로 마음이 기울어진 것 같았다. 바로 그때 문밖에서 사납게 생긴 개들이 뛰어 들어와 으르렁거리며 스노우볼에게 달려들었다. 그는 순식간에 공격을 받은 터라 앞뒤도 돌아보지 않고 우선 도망쳐야 했다. 그는 창고를 빠져나와 농장 울타리 구멍을 이용해 도망쳤다.

그 개들은 강아지였을 때 나폴레옹이 데려가 훈련시킨 개들이었다. 이윽고 나폴레옹은 그 개들을 이끌고 올드 메이저가 연설한 단상으로 올라가 앞으로 농장의 운영에 대한 것은 모두 자신이 의장으로 있는 돼지 특별위원회에서 결정하겠다고 선언했다. 그리고 동물들이 모여 여태껏 벌였던 토론은 이제 없을 것이라고 덧붙였다. 이 말을 듣고 몇몇 동물들이 불만 섞인 소리를 내려고 했지만 개들이 위협적으로 으르렁거렸기 때문에 입 밖에 내지 못했다.

그리고 양들이 "네 다리는 좋고 두 다리는 나쁘다!"라고 큰 소리로 외쳤기 때문에 토론의 기회조차 가지지 못했다. 그리고 스퀼러가 말했다. "동지 여러분, 나폴레옹 동지는 굉장히 무거운 책임을 지셨습니다. 나폴레옹 동지만큼 모든 동물들이 평등하다는 것을 확고하게 믿는 자도 없을 것입니다. 동지 여러분, 존스가 다시 오기를 바랍니까? 그리고 스노우볼은 우리들의 적입니다."

이제 나폴레옹은 아홉 마리의 개를 데리고 높은 연단에 앉아 그 주일의 지시 사항을 하달했다. 그리고 스노우볼이 추방된 3주 후 나폴레옹은 결국 풍차를 짓겠다고 발표했다. 사실 나폴레옹은 풍차에 반대한 것이 아니었다고 동물들에게 설명하면서, 설계도를 그린 사람은 자기이며 스노우볼이 그것을 훔쳤다고 말했다. 더 나아가 스퀼러는 처음에 나폴레옹이 풍차 계획을 반대한 이유는 스노우볼이 위험 인물이기 때문에 그를 배제하기 위한 고도의 전술이었다고 말했다.

나폴레옹의 독재체제 구축

그해 1년 동안 동물들은 열심히 그리고 즐겁게 일을 했다. 풍차 건설은 예상치 못한 어려움에 봉착했지만 돼지들의 감독 아래 계속되었다. 복서는 "더 열심히 일하자."와 "나폴레옹은 항상 옳다."를 되새기며 등가죽이 벗겨질 정도로 열심히 일했다. 동물들은 이렇게 풍차를 건설하느라 고달팠지만 생활은 그렇게 궁핍하지 않았다. 존스 시절보다 식량을 더 넉넉히 배급받지는 못했지만 인간들이 없는 자유로운 세상에서 일했기 때문에 그것을 충분히 보상하고도 남았다.

어느 일요일 아침, 나폴레옹은 이제부터 '동물농장'이 이웃 농장과 교역을 하겠다고 발표했다. 동물들은 막연하게나마 불안감을 느끼기 시작했다. 인간들과 어떤 거래도 하지 않겠다고 선언을 하지 않았던가. 젊은 돼지들이 이 문제에 대해 이의를 제기하려고 했지만 역시 개들이 이빨을 드러내며 으르렁거려 입을 다물고 말았다. 그 후 스퀄러는 농장을 순회하며 인간들과 무역을 하지 않겠다는 것과 화폐를 사용하지 않겠다고 결정한 적이 전혀 없다고 동물들에게 확신시켜 주었다. "동지 여러분! 그런 결정을 내린 기록이 있습니까?"

인간들과 거래를 하게 되자 이번에는 돼지들이 갑자기 농장 집으로 이사를 가 거기에서 거주하게 되었다. 더욱이 침대에서 잠을 자고 응접실을 사용했다. 스퀄러는 돼지들은 두뇌를 사용하는 동물이기 때문에 조용한 장소가 필요하다고 다시 한 번 역설했다. 그는 나폴레옹을 말할 때는 항상 '지도자'라는 호칭을 붙였다.

클로버는 침대 사용을 금지한다는 규칙을 기억하고 있었기 때문에 창고에 쓰인 7계명을 읽어보려 했다. 글자를 읽지 못하는 클로버는 뮤리엘을 데리고 창고 벽으로 갔다. 뮤리엘은 더듬거리며 읽었다. "어떤 동물도 시트를 덮고 침대에서 잠을 자서는 안 된다." 이 문제에 대해서도 스퀼러는 "우리 돼지들은 요즘 하고 있는 두뇌 작업에 비하면 결코 분에 넘치는 생활은 아닙니다. 우리 돼지가 의무를 게을리 하면 어떻게 되겠습니까? 존스가 다시 돌아오기를 원하십니까?"라고 선동했다.

가을에 동물들은 추수를 다 끝내고 지쳐 있었지만 풍차건설에 박차를 가했다. 그런데 11월 어느 날 강풍이 불어 풍차가 무너져 버렸다. 그들이 그렇게 애써 날랐던 돌들이 사방에 흩어져 있었다. 나폴레옹은 코를 땅에 박고 킁킁거리며 냄새를 맡았다. 그러더니 갑자기 "동지 여러분, 이것이 누구의 소행인지 알겠습니까? 바로 스노우볼의 짓입니다. 나는 스노우볼에게 사형을 선고합니다. 자, 다시 풍차를 건설합시다. 동지 여러분, 전진합시다! 풍차 만세! '동물농장' 만세!"

대학살

폭풍우가 몰아치고 진눈깨비가 날리는 추운 겨울이었다. 동물들은 풍차를 파괴한 자가 스노우볼이라는 사실을 알고 있으면서도 벽이 너무 얇아 무너진 것이라는 생각을 가지고 있었다. 그해 겨울에 식량이 부족해 옥수수 배급량이 줄어들어 그들은 배가 고팠다. 그런데 나폴레옹은 텅 비어 있는 곡식저장 상자에 모래를 가득 채우고 그 위를 남은 곡식과 밀기울을 덮어, '동물농장'은 절대 식량이 부족하지 않다는 것을 외부 세상에 알리려 했다.

결국 식량이 모자라 나폴레옹은 계란을 팔아 곡식과 밀기울을 사기로 했다. 그런데 암탉들은 이 결정에 항의를 했다. 병아리를 까기 위해 알을 품고 있는데 그것들을 가져간다는 것은 살육행위라고 말했다. 존스를 내쫓은 후 처음으로 반란 같은 사건이 벌어진 것이었다. 나폴레옹은 아홉 마리의 닭을 죽여 버렸다.

그러는 사이 스노우볼에 대한 이상한 소문이 돌았다. 그가 밤마다 은밀히 농장에 숨어 들어와 나쁜 짓을 한다는 것이었다. 이렇게 농장에 나쁜 일만 생기면 모조리 스노우볼의 소행으로 돌리게 되었다. 스퀼러가 이것을 뒷받침하는 연설을 했다. "스노우볼은 인간들과 공모해 우리의 농장을 빼앗으려 하고 있습니다. 그자는 처음부터 존스와 공모하고 있었던 것입니다! 외양간 전투도 그자의 계획에 의한 것입니다." 스퀼러는 더욱더 악랄한 계략으로 동물들을 몰아붙였다.

그러나 복서는 스퀼러의 말에 뭔가 미심쩍은 데가 있어 말했다. "난 스노우볼이 처음부터 배반자라고는 믿지 않습니다. '외양간 전투'에서 그는 정말로 훌륭한 지도자였다고 생각합니다." 스퀼러가 "우리의 지도자 나폴레옹 동지께서 스노우볼이 존스의 첩자였다고 언명했습니다."라고 말하자 복서는 "나폴레옹 동지가 그렇게 말했다면 그건 옳은 말입니다."라고 응수하며 수긍했다.

며칠이 지난 어느 날 나폴레옹은 '제1급 동물 영웅' 훈장과 '제2급 동물 영웅' 훈장을 달고 나타났다. 사나운 개 아홉 마리가 주위를 호위했다. 나폴레옹이 날카롭게 소리를 지르자 개들은 돼지 네 마리의 귀를 물고 나폴레옹의 발밑으로 끌고 왔다. 그들은 나폴레옹이 '일요회의'를 폐지했을 때 항의한 자들이었다. 그들은 스노우볼과 비밀리에 접촉해 왔으며, 그와 공모해 풍차를 파괴했다고 자백하자 곧이어 개들이 그들의 목을 물어뜯었다. 이렇게 하여 다른 동물들의 자백과 처형은 계속되었다. 드디어 나폴레옹의 발밑에는 시체가 산더미처럼 쌓였고 피비린내가 사방에 진동했다.

풍차가 절반쯤 완성되었을 무렵 클로버를 위시한 동물들은 작은 산 위로 올라가 아래를 내려다보고 있었다. 클로버의 눈에는 눈물이 고여 있었다. 그녀는 생각했다. 이런 학살과 공포는 올드 메이저가 그들에게 반란을 선동했던 그런 미래는 아니었다. 클로버에게 미래란 굶주림과 매질이 없는 모든 동물들이 평등하고 강자가 약자를 보호해주는 그런 사회였던 것이다. 답답한 마음을 달래기라도 하려는 듯 그녀는 다른 동물들과 함께 '영국의 동물들'을 부르기 시작했다.

풍차 전투

대규모 처형사건이 벌어진 며칠 후, 동물들은 '어떤 동물도 다른 동물을 죽여서는 안 된다'를 기억하고 또 그렇게 생각하고 있었다. 클로버는 다시 한 번 뮤리엘을 데리고 7계명이 적혀 있는 창고 벽으로 갔다. 거기에는 '어떤 동물도 이유 없이 다른 동물을 죽여서는 안 된다'라고 적혀 있었다. '이유 없이'라는 문구가 들어가 있었다. 따라서 스노우볼과 공모한 반역자들을 죽이는 데 충분한 이유가 되었다.

그 한 해 동안 동물들은 지난해보다 더 열심히 일했지만, 존스 시대보다 나아진 게 별로 없다는 생각이 들기도 했다. 그러나 동물들은 반란 전의 생활을 정확히 기억하지 못하기 때문에 식량생산이 크게 증가되었다고 하는 스퀼러의 끊임없는 거짓통계를 믿지 않을 수 없었다.

이제 나폴레옹은 공식적으로 '우리들의 지도자 나폴레옹

동지'라 불렸으며, 모든 업적과 성과는 모두 나폴레옹의 공로로 인정되었다. 또한 그의 초상화가 7계명이 적힌 맞은편 벽에 걸려 있었다. 이렇게 나폴레옹은 모든 동물들의 우상으로 군림하게 되었고, 그의 일인 독재체제는 더욱 공고해져 어떤 동물도 반항할 수 없게 되었다.

가을이 되자 동물들은 온 힘을 다해 풍차를 완성시켰으며 나폴레옹은 이 풍차를 '나폴레옹 풍차'로 명명했다. 어느 날 프레드릭과 그의 일당이 농장을 급습했다. 동물들은 용감히 싸웠지만 '외양간 전투'에서처럼 그리 간단한 문제는 아니었다. 인간들은 총을 쏘면서 농장으로 진입했다. 동물들은 필사적으로 방어했지만 풍차가 이미 적의 수중에 들어갔다. 인간들은 풍차 밑에 구멍을 뚫고 화약을 넣어 풍차를 폭파시켰다. 풍차가 폭파되는 것을 본 동물들은 격분해 전열을 다시 정비해 전투에 임했다.

결국 동물들은 인간들을 물리치고 승리를 거두었다. 그러나 그들이 그렇게 고통을 감내하면서 열심히 건설했던 풍차가 흔적도 없이 사라지고 만 것이었다. 나폴레옹은 이번 전투를 '풍차 전투'라 명명하고 '녹기(綠旗)훈장'을 만들어 그것을 자신에게 수여했다. 며칠 후 돼지들은 농장 집 지하실에서 위스키 한 상자를 우연히 발견했다. 그날 밤 농장 집에서 커다란 노랫소리가 들려왔는데 '영국의 동물들'의 노래도 들려왔다.

다음 날 아침 스퀼러는 눈은 흐리멍덩하고 꼬리는 축 늘어진 채 집에서 느릿느릿 걸어 나왔다. 나폴레옹 동지가 죽음에 임박했다는 사실을 전하면서 나폴레옹 동지가 술을 마시는 자는 사형에 처한다는 포고를 내렸다고 발표했다. 그러나 그날 저녁 스퀼러는 나폴레옹 동지의 몸 상태가 호전되었다는 것과 나폴레옹이 목장 밭에 보리를 뿌릴 계획이라고 다시 발표했다.

이 무렵 어느 날 밤 이상한 사건이 일어났다. 7계명이 적혀 있는 창고 벽 밑에 사다리가 두 동강이 나 있고, 그 옆에 스퀼러가 쭉 뻗어 있었으며 붓과 페인트 통이 엎어진 채 주변에 나뒹굴고 있었다. 동물들은 이게 무슨 영문인지 도무지 알지 못했지만 벤자민 영감만이 알고 있는 듯 고개를 끄덕거리고 있었다. 며칠 후 뮤리엘이 7계명을 읽어보니 자기가 또 하나 잘못 기억하고 있다는 것을 인식했다. 제 5계명은 '어떤 동물도 술을 마셔서는 안 된다.'였는데 '어떤 동물도 너무 많이 술을 마셔서는 안 된다.'로 바뀌어 있었다.

복서의 최후

동물들은 풍차전투의 승리를 축하한 다음날부터 풍차를 다시 건설하기 시작했다. 복서는 전투에서 입은 큰 부상에도 불구하고 풍차 건설에 앞장서 일했다. 클로버와 벤자민이 너무 무리하게 일하지 말라고 충고했지만 복서는 자기가 가진 한 가지 진실한 야심이란 퇴직하기 전 풍차가 완성되는 것이라고 말하면서 이들의 말을 듣지 않았다. '동물농장'의 법이 정해졌을 때 각 동물들은 은퇴 나이가 정해졌으며 양로연금이 책정되어 있었다.

이번 겨울도 역시 추웠고 식량은 더욱 부족해 배급량이 줄었다. 그런데 돼지와 개의 배급량은 줄어들지 않았다. 식량배급에 대해 스퀼러는 '감소'라는 말 대신 '재조정'이라는 말을 항상 사용했다. 그는 존스 시대와 비교해서 노동하는 시간은 줄어들었고 식량배급은 더 많아졌다는 등 생활이 전반적으로 향상되었다고 설명했다. 동물들은 모두 그의 말을 철석같이 믿었다. 왜냐하면 존스 시대의 사실들이 모두 그들의 기억에서 사라졌기 때문이다. 게다가 그들은 그때는 노예였지만 지금은 자유로웠다. 이것이 스퀼러가 항상 지적하는 큰 차이점이었다. 그리고 돼지와 다른 동물이 길에서 마주치면 다른 동물이 길을 비켜주어야 한다는 규칙과 모든 돼지들은 일요일에 꼬리에 녹색 리본을 매는 특권을 가진다는 법이 제정되었다.

농장 수확은 그런대로 풍작이었지만 식량 배급은 오히려 삭감되었다. 그러나 돼지들은 풍족하고 편안한 생활을 해서

체중이 늘어났다. 2월 어느 날 양조장에서 구수한 냄새가 흘러나왔는데 그것은 보리를 삶는 냄새였으며 곧 돼지들은 맥주를 배급받을 것이라고 발표되었다. 그리고 나폴레옹은 '동물농장'의 투쟁과 승리를 축하하는 의미로 일주일에 한 번씩 '자진 시위'라는 행사를 열 것을 명령했다. 돼지들이 선두에 서고 다른 동물들이 뒤따르며 농장을 행진했다.

4월에 '동물농장'은 '동물 공화국'으로 선포되고 나폴레옹이 단독 출마해 대통령으로 당선되었다. 그해 여름 7년 동안이나 자취를 감추었던 까마귀 모세가 나타났다. 그는 예전과 같은 말투로 '얼음사탕 산'에 대해 지껄여댔다. "동지 여러분, 저쪽에, 검은 구름 저쪽에 '얼음사탕 산'이 있습니다. 우리 불쌍한 동물들이 노동에서 해방되어 영원히 쉬게 될 행복의 나라가 있습니다!" 많은 동물들이 그의 말을 믿었다. 그런데 이상한 것은 돼지들의 태도였다. 돼지들은 모세의 이야기를 거짓말이라고 하면서도 그가 농장에서 일도 하지 않고 매일 맥주를 배급받으며 살도록 허용했다는 사실이었다.

복서는 노예처럼 일을 했다. 여름철 어느 날 그는 돌무더기를 끌고 가다가 쓰러졌다. 폐를 다친 것이었다. 복서의 부상 소식이 스퀼러와 나폴레옹에게 전해졌다. 스퀼러가 나타나 복서를 인근 병원으로 보내 치료를 받게 해줄 것이라고 말했다. 며칠 후 그를 데리고 갈 짐마차가 농장에 도착했다. 마부석에는 한 남자가 교활한 표정을 지으며 앉아 있었다. 다른 동물들은 복서가 농장 밖에 나가 수의사의 치료를 받는 것에 대해 다소 불안감을 느끼고 있었지만 스퀼러의 말을 듣고 납득을 했다.

동물들은 짐마차에 몰려들었다.

"복서, 잘 가요!"

그때 벤자민이 그의 조그마한 발굽으로 땅바닥을 치며 외쳤다.

"바보들, 바보 같으니라고! 저 짐마차 옆에 뭐라고 씌어 있는지 모른단 말이오?"

뮤리엘은 짐마차 옆에 씌어 있는 글자를 천천히 읽었다. 거기엔 '알프레드 시몬즈, 폐마 도살 및 아교 제조업, 윌링돈, 피혁과 골분 매매, 개집 공급'이라고 적혀 있었다.

"저것이 무엇을 뜻하는지 모르겠소? 저들은 복서를 폐마 도살장으로 데려가려 한단 말이오!"

모든 동물들이 공포의 소리를 내지르자 마차는 말에 채찍질을 가해 급히 출발했다. 동물들은 목청껏 소리를 지르며 뒤쫓아갔다.

"복서! 복서!" 클로버가 외쳤다. "복서! 복서! 뛰어내려요! 빨리! 당신을 죽이려고 해요!"

복서가 클로버의 외치는 소리를 들었는지 못 들었는지는

알 수 없어도 그가 짐마차를 부수고 나오려고 하는 것처럼 짐마차 안에서 쿵쿵거리는 소리가 들려왔다. 옛날 같으면 발길질 한번만으로도 짐마차는 산산조각이 났을 텐데 지금은 슬프게도 모든 힘이 빠져 노쇠해 버린 것이었다.

사흘 후 스퀼러가 모든 동물들을 모아놓고 눈물을 흘리며 말했다. "내 생전에 가장 눈물겨운 장면이었습니다. 나는 그의 임종을 지켜보았습니다. 그는 풍차의 완성을 보지 못하고 죽는 것이 가슴 아프다고 말했습니다. 그리고 그는 마지막으로 다음과 같이 말했습니다. '동지 여러분, 반란을 잊지 말고 전진합시다. 동물농장 만세! 나폴레옹 동지 만세! 나폴레옹 동지는 항상 옳습니다!' 라고 말입니다." 이어 스퀼러는 복서를 싣고 갔던 짐마차에 '폐마 도살업' 이라고 적힌 것에 대해 그 짐마차는 전에 폐마 도살업자의 것이었지만 수의사가 그 마차를 샀는데, 그 글자를 미처 지우지 못했다는 거짓말을 했다. 동물들은 그의 이야기를 듣고 안심이 되었다.

혁명의 종말

여러 해가 지나갔다. 모세와 상당수의 돼지들을 제외하고는 '반란' 이전의 생활을 기억하는 자는 아무도 없게 되었다. 뮤리엘도 죽고 존스도 죽었다. 클로버는 나이 들고 뚱뚱한 암말이 되었고 나폴레옹은 비대하고 원숙한 수퇘지가 되었다.

벤자민 영감만이 달라진 게 별로 없어 보였다. 복서가 죽은 후 더욱 침울해졌을 뿐이었다.

농장은 전보다 번창했으며 풍차도 완성되었고 여러 채의 건물도 새로 지어졌다. 풍차는 전력 발전에는 사용되지 않고 곡식을 빻는 데 사용되었다. 동물들은 또 하나의 풍차를 건설하느라 여념이 없었고 이 풍차가 완공되면 정말로 발전기가 설치될 것이라는 소문이 돌았다. 그러나 나폴레옹은 스노우볼이 꿈꾸어 왔던 전깃불과 냉온수가 나오는 사치스러운 생활은 동물주의에 위배된다고 비난했다. 가장 참된 행복이란 열심히 일하고 검소한 생활을 하는 데 있다고 말했다.

농장의 나이 든 동물들은 희미한 기억력을 되살려 '반란' 초기의 생활과 현재의 사정을 비교해 보려고 했지만 서로 비교해 볼 만한 것이 아무것도 없었다. 스퀼러가 작성한 통계표 외에는 아무런 자료가 없었다. 단지 벤자민 영감만이 모든 걸 기억하고 있었다. 사정은 좋아지지도 않았고 그렇다고 나빠지지도 않았다는 것이었다. 굶주림과 노고와 실망이라는 것이 세상사의 불변의 법칙이라는 것이었다. 그러나 동물들은 희망을 버리지 않았다. 그들은 이 농장이 영국에서 동물들이 소유하고 있는 유일한 농장임을 자랑스럽게 생각하고 있으며, 또 어떤 동물도 다른 동물을 '주인'이라 부르지 않고 모든 동물은 평등하다는 것을 자부심으로 여기고 있었다. 올드 메이저가 예언한 그런 이상 세계가 그들의 생애에는 오지 않을지도 모르지만 언젠가는 올 것이라고 믿고 있었다.

어느 날 돼지 한 마리가 앞다리를 들고 뒷다리로 걷고 있는 장면이 목격되었다. 그것은 스퀼러였다. 잠시 후 뒷다리로 걷는 돼지들의 행렬이 나타났다. 그 중간에 나폴레옹이 앞발에 채찍을 들고 당당하게 걷고 있었다. 주위에 사나운 개들이 날뛰고 있었다. 다른 동물들은 아연실색하여 떨리는 가슴을 쓸어내리며 돼지들의 행렬을 지켜보았다. 마치 세상이 뒤집힌 것만 같아 보였다. 벤자민과 클로버는 다시 7계명이 씌어 있는 창고 벽으로 갔다. 벤자민은 벽에 적혀 있는 것을 읽어보았다. "모든 동물은 평등하다. 그러나 어떤 동물은 다른 동물보다 더욱 평등하다."라는 단 하나의 계명만이 적혀 있었다.

이제 나폴레옹은 존스의 옷을 꺼내 입고, 승마용 바지를 입고, 가죽 각반을 차고 나타났다. 일주일이 지난 어느 날 오후, 몇 대의 마차가 농장에 도착했다. 필킹톤 씨를 위시한 이웃 농장주 대표들이 초대를 받아 친선 차 방문한 것이었다. 그날 밤 왁자지껄한 웃음소리와 노랫소리가 집 밖으로 들렸다. 다른 동물들은 무슨 일인가 싶어 농장 집 창가에 모여들어 안을 들여다보았다. 집 안에는 농장주 여섯 사람과 여섯 마리의 돼지들이 식탁에 둘러앉아 카드놀이를 하다가 축배를 들고 있었다. 농장주들은 이제 '동물농장'을 존경하며 그간의 오해를 말끔히 씻었으면 좋겠다고 말하고 '동물농장'과 이웃 농장 사이에 우정을 강조하는 연설을 했다. 그러곤 돼지들과 함께 잔을 서로 부딪치며 축배를 했다.

나폴레옹 역시 인간들과 동물들 사이에 있어온 그간의 오해가 이제 깨끗이 풀린 것을 기뻐한다는 식의 연설을 했다. 그리고 '동물농장'이라는 이름은 폐지하고 다시 '장원 농장'으로 불릴 것이라고 말한 뒤 "장원 농장의 번영을 위해서!"라는 말로 인사말을 끝냈다.

밖에서 엿보고 있던 동물들은 귀신에 홀린 듯 인간과 돼지들을 몇 번이고 번갈아 쳐다보았다. 그러나 어느 쪽이 인간이고 어느 쪽이 돼지인지 분간하기란 불가능했다.

1984년

이 소설의 공간적 배경은 오세아니아, 유라시아, 이스트아시아로 일컫는 3개의 초강대국 중 영국과 미국을 중심으로 한 오세아니아라는 국가이다. 오세아니아 안에서도 본토인 에어스트립 원(제1공대, 지금의 잉글랜드에 해당)의 런던이라는 도시이다. 1950년 핵전쟁으로 세계는 이들 3개의 초강대국으로 재편되었다. 오세아니아는 당에 의해 지배를 받고 있으며 당의 정점에는 '빅브라더'라는 실체 없는 인물이 자리 잡고 있다. 그리고 시간적 배경은 1984년이다.

제1부

'빅브라더' 타도를 위한 첫걸음

 4월, 날씨가 쌀쌀하고 화창한 어느 날, 윈스턴 스미스는 승리맨션으로 들어갔다. 그는 나이가 서른아홉 살이고 오른쪽 발목에 정맥류성 궤양을 앓고 있다. 맨션 복도 한쪽 끝 벽에는 컬러 포스터가 붙어 있다. 거기엔 폭이 1미터가 넘는 커다란 얼굴이 그려져 있는데, 나이는 마흔다섯 살쯤 되어 보이고 시커먼 수염을 기르고 있는 모습이다. 이 포스터는 이곳뿐 아니라 아파트의 사방에 걸려 있다. 포스터에 교묘하게 그려져 있는 얼굴은 지나가는 사람들을 뚫어지게 노려보고 있으며, 사람들이 움직일 때마다 그 눈초리도 따라 움직이는 것 같았다. "빅브라더가 당신을 주시하고 있다."라는 글귀가 포스터 밑에 씌어 있다.

 윈스턴이 사는 아파트 벽에는 사람들의 일거수일투족을 감시할 수 있는 '텔레스크린'이 설치되어 있다. 소리는 작게 할 수 있지만 완전히 끌 수는 없게 되어 있다. 창밖을 바라보니 또 하나의 포스터가 찢겨져 영사(英社, INGSOC: England Socialism)라는 단어만이 보일 듯 말 듯 바람결에 나부끼고 있다. 멀리서 헬리콥터 한 대가 지붕 위로 낮게 날며 창문으로 사람들을 관찰하고 있었다.

윈스턴은 자기가 일하고 있는 오세아니아 진리성 건물을 쳐다보았다. 흰색 콘크리트로 번쩍거리는 이 웅장한 건물은 피라미드형으로 3백 미터나 하늘로 치솟아 있다. 로켓탄이 수천 개 떨어져도 파괴되지 않을 만큼 튼튼히 지어졌다. 건물의 전면에는 당의 세 가지 목표가 씌어 있다.

전쟁은 평화
자유는 예속
무지는 힘

오세아니아는 보도, 연예, 교육 및 예술을 관장하는 '진리성'을 비롯해 전쟁을 관장하는 '평화성', 법과 질서를 관장하는 '애정성', 경제 문제를 다루는 '풍부성'이 있다.

윈스턴은 자신의 방에 설치된 텔레스크린의 감시망을 어느 정도 피할 수 있는 구석진 곳에 놓인 책상 앞에 앉았다. 그는 이제부터 하고자 하는 일이 있었다. 그것은 일기를 쓰는 일이었다. 그는 책상 서랍에서 일기장을 꺼냈다. 오세아니아에서 종이에 글을 쓴다는 것은 중대한 행위였다. 그는 '1984년 4월 4일'이라고 썼다.

그는 일기장을 바라보며 한동안 멍하니 앉아 있었다. 누구를 위해 이 일기를 쓰는가? 과연 누구를 위해? 미래를 위해?

아니면 태어나지 않은 후세를 위해서 쓰는 것인가? 그는 두려움을 느끼며 지난 밤 영화관에 가서 본 영화에 대해 적었다.

그는 그날 아침 11시쯤 일어난 일을 기억했다. 윈스턴이 근무하는 기록국 직원들이 텔레스크린 앞에서 '2분 증오(二分憎惡)'를 준비하고 있었다. 2분 증오를 위해 사람들이 방에 모이기 시작했다. 그들 중 윈스턴의 눈길을 끈 자는 내부당원인 검은 제복을 입은 오브리언이라는 사람이었다. 그가 나타나자 의자에 앉아 있던 사람들은 갑자기 조용해졌다. 11시가 되자 화면에 인민의 적인 '임마누엘 골드스타인'의 얼굴이 나타났다. 그는 한때 당의 지도급 인물이었으나 반혁명 활동에 가담했다가 탈출한 반동분자였던 것이다.

그는 국가를 전복시키고자 하는 '형제단'이라는 지하조직의 우두머리로 지금도 어딘가에 숨어 지내며 음모를 꾸미고 있다는 것이다. 또한 그는 모든 이단론을 기록한 어떤 책의 저자이기도 한데, 그 책이 여기저기서 비밀리에 읽혀진다는 소문이 돌았다. 그의 얼굴을 보는 즉시 사람들은 분노를 터뜨리며 고함을 질러댔다. 2분째로 접어들자 증오는 절정에 달했다. 사람들은 거의 미칠 정도로 소리를 지르며 골드스타인을 증오했다.

'2분 증오'를 할 때면 사람들은 본인의 의사와는 무관하게 공포와 복수심에 도취되고 만다. 쇠망치로 때려죽이고 싶은 욕망이 집단 전체에 전류처럼 퍼져 나간다. '2분 증오'의 마지막은 항상 '빅브라더'의 얼굴과 '전쟁은 평화', '자유는 예속', '무지는 힘'이라는 당의 세 가지 슬로건이 나타난다. 빅브라더의 얼굴을 보자 사람들은 "나의 구세주여."라고 중얼거리고 "빅브라더! …… 빅브라더! …… 빅브라더 ……!"라고 외치면서 거의 광란의 수준에 도달했다.

그는 일기장으로 시선을 돌렸다. 그는 '빅브라더를 타도하자'라고 적어 내려갔다. 그는 같은 말로 일기장의 반 페이지를 채웠다. 그가 일기를 계속 쓰든 안 쓰든 '사상경찰'은 그를 '사상죄'로 체포할 것이다. 그는 계속해서 휘갈겨 쓰기 시작했다.

사상죄

그때 문을 두드리는 소리가 들렸다. 같은 층 옆집에 사는 파슨스 부인이 들어와 자기 집 부엌 수채 구멍을 좀 뚫어달라고 부탁했다. 그녀는 윈스턴과 같이 '진리성'에 근무하는 동료였다. 그녀는 '사상경찰'보다 더 당에 충성하는 열성적인 부류의 여성이었다. 그가 수채 구멍을 손보고 있던 중 '스파이단' 제복을 입은 그녀의 두 아들이 그를 둘러싸고는 "넌 반역자야! 사상범이야! 널 총살시키겠어."라고 외쳐댔다. 그들의 엄마는 아이들이 교수형 구경을 못 가서 저렇게 안달을 부린다고 말했다. 윈스턴은 그녀의 집을 나서며 마치 벌겋게 달군 철사로 자신의 목덜미가 찔린 섬뜩한 기분이 들었다. 왜냐하면 아이들이 부모들을 '사상경찰'에 밀고했다는 기사가 자주 신문에 등장하기 때문이다.

윈스턴은 자기 아파트로 돌아와 누구를 위해 일기를 쓰는지 다시 한 번 생각해 보았다. 미래, 과거 혹은 상상할 수 없는 시대를 위해서란 말인가? 어쨌든 그는 증발해 버릴 것이고 일기장은 재로 변할 것이다. 그는 어느 누구도 귀를 기울여 주지 않는 외로운 유령이었다. 지금이야말로 자신의 사상 체계를 과감하게 밀고 나가야 할 때라고 생각했다.

이중사고

윈스턴은 어머니에 대한 꿈을 꾸었다. 그는 어머니가 사라진 것은 그의 나이 열 살 아니면 열한 살 때였을 것이라고 생각했다. 꿈속에서 어머니는 그의 여동생을 안고 있었다. 그들은 침몰하는 배의 선실에 앉아 그를 쳐다보고 있었다. 윈스턴은 잠에서 깨어 어머니가 30년 전 비참하게 돌아가셨다는 생각을 떠올렸다. 그는 어머니만 생각하면 가슴이 미어질 정도로 슬픔이 몰려 왔다.

그러나 그런 일은 오늘날에는 있을 수 없다. 오늘날은 공포, 증오, 고통만이 존재할 뿐 감정의 존엄성이나 복잡한 슬품 따위는 존재하지 않는다. 50년대 이전의 일은 모두 사라져 버렸다. 증명할 수 있는 증거가 전혀 없어 과거에 대한 기억은 전혀 확인할 길이 없는 것이다. 예를 들어 1984년 현재 오세아니아는 유라시아와 전쟁 중이고 이스트아시아와는 동맹을 맺고 있다. 그런데 4년 전에는 이스트아시아와 교전 중이었고 유라시아와 동맹을 맺고 있었다.

그러나 과거의 이런 사실은 어디에서도 찾아볼 수 없다. 윈스턴은 당의 통제에 쉽게 넘어가지 않았기 때문에 이런 사실을 어렴풋이 알고 있는 것이다. 오로지 현재만 존재하는 것이다. 현재의 역사가 그렇다면 과거의 역사도 현재의 역사에 맞추는 것이다. 오세아니아는 과거도 유라시아와 전쟁 중이었고 이스트아시아와 동맹을 맺고 있었던 것이다. '과거를 지배하는 자는 미래를 지배한다. 현재를 지배하는 자는 과거를 지배한다'는 것이 당의 슬로건이었다. 지금 진실한 것은 영원토록 진실한 것이다. 사람들은 자신들의 기억을 끊임없이 말살시켜야 하는 것이다. 이것은 '현실 통제'이며 신어로는 '이중사고'라고 불린다. 이중사고란 알면서도 모른다는 것, 완전한 진실을 알면서도 거짓말을 하는 것, 모순되는 줄 알면서도 두 가지를 동시에 믿는 것을 의미한다. 심지어 이중사고라는 단어를 이해하는 데도 이중사고를 사용해야 하는 것이다.

과거날조

윈스턴은 진리성 기록국에 근무하며 당의 지시에 따라 과거의 사실들을 지워 버리거나 현재의 필요성에 따라 재작성하는 일을 하고 있다. 과거에 쓰인 신문이나 문서들을 찾아내 다시 수정하는 임무를 맡고 있다. 예를 들어 얼마 전 풍부성은 1984년 중에 초콜릿 배급량을 줄이지 않겠다고 공식 발표했는데 초콜릿 배급량은 사실상 줄어들었다. 그렇다면 처음에 약속한 문서 내용을 4월달 중 배급량을 줄일 필요가 있게 될지도 모른다는 예고로 바꿔 놓아야 하는 것이다. 바뀐 문서는 압축전송관을 통해 발송되었다.

신어

윈스턴은 진리성 지하 깊은 곳에 있는 식당에서 점심을 먹고 있었다. 바로 옆에 조사국에 근무하는 그의 친구 사임이 앉아 있었다. 그는 언어학자이자 신어 전문가이며 사상적으로도 대단한 정통파였다. 그는 현재 신어사전을 편집하는 위원 중 일원이었다. 그들은 식사를 하며 사전편찬에 대해 이야기를 나누었다.

그의 말에 따르면 '좋은(good)'이라는 말이 있다면 '나쁜(bad)'이라는 말이 필요 없다는 것이다. '안 좋은(ungood)'이라는 말로 충분하다는 것이다. 또 '좋은'이라는 말을 강조할 때는 '꽤 좋은(excellent)'이라든지 '훌륭한(splendid)'과 같은 말은 필요 없고 '더 좋은(plusgood)', '더욱더 좋은(double plusgood)'이라고 쓰면 된다는 것이다. 신어의 목적은 사고의 영역을 좁히는 데 있는 것이다. 그렇게 되면 사상죄를 범하는 것도 불가능해진다. 그것을 표현할 낱말 자체가 없어지기 때문이다. 필요한 개념은 하나의 단어로 표현될 뿐이며 세월이 흐를수록 낱말 수는 자꾸 줄어들어 의식의 범위도 그만큼 좁아지게 되는 것이다. 윈스턴은 이렇게 말하는 사임은 사람의 모습이 아니고 마치 꼭두각시의 모습인 것처럼 느껴졌다. 윈스턴은 사임이 분명 증발될 것이라고 생각했다. 그가 증발되리라고 생각하니 마음이 서글퍼졌다.

윈스턴은 식당 안을 둘러보았다. 식당은 수많은 사람들로 북적거렸다. 벽은 사람들의 손때가 묻어 있었고 스푼은 휘어졌고 쟁반은 찌그러져 있었고 잔들은 기름기와 때가 끼여 있었다. 식당 안은 이런 것들과 더러운 옷을 입고 있는 사람들이 뒤엉켜 악취를 풍기고 있었다. 모든 인간들이 추하고 서글퍼 보였다.

윈스턴은 옆 식탁에서 한 여자가 자신을 주시하고 있는 것을 알았다. 그녀는 왜 자신을 주시하고 있는가? 그녀는 사상경찰이나 첩보원일지도 모른다. '표정죄'라는 것이 있다. 어떤 경우든 얼굴에 걸맞지 않은 표정을 지으면(예를 들어 좋은 소식이 보도될 때 의심스러운 표정을 지으면) 그것만으로 처벌을 받는 것이다. 윈스턴은 그녀가 자신의 표정을 감시하고 있는 것은 아닌지 하는 생각으로 등줄기에서 식은땀이 주르륵 흘러내렸다.

아내 캐더린

윈스턴은 일기를 썼다. 내용은 3년 전 한 창녀와의 잠자리에 대한 것이었다. 그는 일기를 쓰면서 성에 대한 당의 통제를 생각해 보았다. 당은 남녀 간의 애정 관계를 모두 추한 것으로 왜곡시켜 성행위로부터 얻어지는 모든 쾌락을 없애고자 했다. 오로지 남녀 성행위의 목적은 아이를 낳는 것에 있다. 당원들의 결혼은 오로지 이 목적을 위한 것일 뿐이다. 그리고 모든 아이들은 인공 수정으로 낳고 공공기관이 맡아서 기른다.

윈스턴은 아내 캐더린을 생각했다. 그들은 15개월 정도 부부생활을 하다가 약 10년 전에 헤어져 현재까지 별거 상태이다. '당에 대한 의무'인 '아기를 만드는 일'만을 목적으로 남편과 성행위를 하려고 했던 아내와는 달리 윈스턴은 진정한 사랑 행위를 갈구하고 있었다. 그러나 만족스러운 성행위는 '투쟁'이며 정욕은 '사상죄'에 해당되었다.

희망의 혁명

윈스턴은 일기를 계속 썼다. '희망이 있다면 오직 무산계급자들에게 있다.'

오세아니아 인구의 85퍼센트나 되는 저 경멸당하고 있는 대중만이 당을 무너뜨릴 수 있다. 당은 그 내부에서는 결코 전복될 수 없다. 그러나 무산 계급들은 자신의 힘을 인식할 수만 있다면 되는 것이다. 그들은 하려고만 한다면, 내일 아침이라도 당장 당을 산산조각내 버릴 수 있다. 머지않아 이런 일이 일어나야 한다. 그러나 ……!

윈스턴은 절망에 빠졌다. 그들은 의식이 들 때까지는 반란을 일으키지 않을 것이다. 무산계급자들은 천부적으로 열등한 족속이기 때문에 동물들처럼 복종할 뿐이었다. 그들은 스무 살에 결혼을 하고 서른 살 중반에 중년이 되고 예순 살에 죽는다. 그들은 그저 힘든 육체노동, 이웃과의 사소한 말다툼, 영화, 축구, 맥주, 도박 등에만 관심이 있다. 당에서도 그들에게는 강한 정치적 신념을 주입하지 않고 있다. '무산층과 동물은 자유다' 라는 당의 슬로건이 말해주듯 그들은 반역을 꽤할 의식이 전혀 없는 것이다.

윈스턴은 현대 생활의 특징이 무엇인지 생각해 보았다. 중립적이고 비정치적인 따분한 일을 열심히 하는 것, 지하철에서 자리싸움을 하고, 사카린을 구걸하고, 담배꽁초나 잘 간수하는 것 등이다. 어떤 의식도 없이 그저 멍청히 하루하루를 살아나가는 것이다. 당이 설정해 놓은 미래는 거대하고 빛나는 가공할 만한 것이었다. 그러나 현실은 어떤가? 19세기식의 집안에서는 더러운 화장실 냄새가 나고, 쓰레기장을 방불케 하는 지저분한 도시는 썩어 들어가고 있다. 텔레스크린은 50년 전보다 지금이 훨씬 더 잘살고, 적게 일하고 더 행복하다고 떠들어대고 있다.

윈스턴은 오세아니아에서 과거를 왜 그렇게 왜곡하고 날조하는지 그 이유를 뚜렷이 알 수 없었다. 결국 당은 '둘 더하기 둘은 다섯'이라고 발표하여 사람들로 하여금 그것을 믿게 만들 것이다. 그러나 진실한 것은 지켜져야 한다. 진실한 세계는 존재하며 이 세계의 법칙은 변화하지 않는다. 돌은 딱딱하며 물은 축축하고, 허공에 뜬 물체는 지구의 중심을 향해 떨어진다. 그는 일기를 계속 써내려 갔다. '자유란 둘 더하기 둘은 넷이라고 말하는 자유다.'

절망의 혁명

윈스턴은 퇴근한 뒤 4월의 향기로운 대기에 유혹되어 런던 시내로 향했다. 그는 이리저리 돌아다녔다. 그는 어둠침침한 어느 빈민가를 걷고 있었다. 지린내, 신 맥주 냄새, 톱밥 냄새가 자욱한 빈민가에는 지저분한 노동자들로 붐비고 있었다. 윈스턴은 뭔가를 물어볼 충동이 생겨 한 노인을 따라 선술집 안으로 들어갔다. 그는 어떤 진실된 이야기를 그 노인으로부터 들을 수 있지 않을까 하는 기대를 가지고 있었다. 그는 "당신의 어렸을 때의 생활에 대해 듣고 싶습니다. 그때의 생활은 어땠습니까? 지금보다 나았습니까? 아니면 나빴습니까?"라고 물어보고 싶었다.

윈스턴은 그 노인에게 물었다. "할아버지는 혁명 이전의 구시대가 어떠했는지 기억할 수 있으시죠? 제 또래의 사람들은 책을 통해서만 알 수 있는데, 책이 사실이 아닐 수도 있지요. 그 시대에는 지독한 압제와 부정과 빈곤이 있었다고 하던데요." 그는 계속 과거에 대한 사실을 물어보았지만 노인의 대답은 "그땐 맥주 맛이 좋았지."와 같은 하찮은 대답뿐이었다. 그리고 70년 전 어느 바람 불던 날 아침 먼지가 회오리쳤었다고 하는 것만을 기억했다. 노인의 과거에 대한 기억은 사라졌거나 날조된 것이었다.

윈스턴은 가던 길을 멈추고 어느 조그만 가게 안에 들어갔다. 그 가게는 오래된 물건을 파는 고물상으로 비좁은 내부는 물건들로 가득 차 있었다. 그는 과거에 문진(文鎭)으로 사용했었다고 생각이 드는 산호를 하나 사서 호주머니 안에 넣은 뒤 2층 다락방으로 올라가 보았다. 그 방은 그에게 일종의 향수를 불러일으켜 주었다. 그는 감시하는 텔레스크린이 없는 이런 방안에서 벽난로에 불을 피우고 그 위에 올려놓은 주전자의 물 끓는 소리와 벽시계의 똑딱거리는 소리만을 들으며 발을 난로 가로대에 얹고 안락의자에 느긋이 앉아 있는 기분을 상상했다. 그는 다락방에서 그림이나 동상을 비롯한 옛날 작품에 이끌려 한동안 과거에 빠져 있었다.

집으로 돌아오는 길에 그는 창작국에 근무하는 한 여자가 자기를 미행하고 있다는 느낌이 들었다. 공포가 엄습해 온 몸이 마비되는 것 같았다. 아! 그들은 밤에 나를 잡으러 올 것이다. 그들에게 체포되기 전에 자살해야 한다. 이런 생각이 그의 뇌리를 스쳐 지나갔다.

제2부

줄리아와의 약속

윈스턴은 화장실에 가려고 사무실을 나왔다. 나흘 전 고물상에서 자기를 미행했던 것 같은 그 여자가 복도 끝에서 걸어오고 있었다. 그런데 그 여자는 비틀비틀하더니 갑자기 복도에서 그만 쓰러지고 말았다. 그가 그녀를 도와 일으켜 세우려는 순간 그녀는 그의 손 안에 뭔가를 떨어뜨렸다. 윈스턴은 자기 자리로 돌아와 곰곰이 생각해 보았다. 그 여자는 분명 '사상경찰' 아니면 지하단체인 '형제단'의 일원일지도 모른다는 생각이 들었다. 종이쪽지엔 '당신을 사랑해요.' 라고 적혀 있었다.

윈스턴은 너무 놀랐다. 그는 이것을 본 순간부터 살아남고 싶은 욕망이 용솟음쳐 올랐다. 그녀를 만나고 싶었다. 집에 돌아온 후 그는 어떻게 하면 그녀와 접촉할 약속을 할지에 대해 생각해 보았다. 그런데 그는 그녀의 주소도 이름도 몰랐다. 혹시 식당에 가면 만날 수 있을지도 모른다. 사흘 후 그는 식당에서 그녀를 우연히 만나 필요한 말만 재빨리 했다. 저녁 7시에 승리 광장의 기념비 근처에서 만날 약속을 했다.

윈스턴은 약속시간보다 빨리 승리 광장에 도착했다. 누군가가 그의 어깨를 찔렀다. 그녀는 일요일 오후 3시에 만날 다른 장소를 일러주었다. 패딩턴 역에서 내려 어디어디로 해서 오솔길을 걸어 어느 숲에 오라는 것이었다. 그녀가 그에게 말한 시간은 10초도 채 안 되었다. 그러고는 곧 사라졌다.

줄리아와의 만남

일요일 오후 윈스턴은 약속한 장소로 향하고 있었다. 때는 5월이었다. 그는 그녀가 안전한 장소를 찾아 놓았으리라 생각했다. 그는 그녀가 말한 약속 장소인 물푸레나무 숲에 일찍 도착해, 그녀에게 줄 꽃 몇 송이를 따고 있었다. 그때 부스럭거리는 소리가 나더니 그녀가 앞에 나타났다. 그들은 텔레스크린이나 마이크로폰이 설치되어 있지 않을 것 같은 다른 곳으로 옮긴 후 이야기를 나누었다.

"난 나이가 서른아홉이고 또 아내가 있소. 그리고 정맥류성 궤양을 앓고 있고 의치를 다섯 개나 했소." 그는 그녀의 손을 잡으며 말했다.

"저에겐 그런 것은 중요치 않아요." 그녀가 말했다.

"이름이 무엇입니까?"

"줄리아예요. 전 당신을 알고 있어요. 윈스턴 스미스지요."

윈스턴은 그녀에게 혹시 사상경찰이 아니냐고 물었고 그녀는 살아남기 위해 할 수 없이 스파이단의 분대장으로 일을 한다고 말했다. 그는 그녀를 본 순간 그녀 역시 당에 반감을 가지고 있음을 알아차리고 그녀에게서 동질감을 느꼈다. 이제 그들은 더 은밀한 곳으로 가서 서로를 껴안으며 키스를 했다. 당에서 철저히 금지하고 있는 동물적 본능인 남녀 간의 성행위를 통해 그는 당을 분쇄하리라 마음먹었다. 당을 부패시키고 전복시키기 위한 것은 무엇이든 할 것이다. 그들에게 매독을 전염시킬 수만 있다면 그렇게까지 하리라! 오늘날의 오세아니아는 순수한 사랑도 순수한 욕정도 존재하지 않는 세계이다. 모든 것이 공포와 증오만 있을 뿐이다. 그들의 포옹은 일종의 전투이며, 절정에 이르는 순간은 승리의 순간이었다. 그것은 당에 대한 치명적 공격이며, '정치적 행동'이기도 했다.

생산을 위한 도구로서의 성행위

숲 속에서의 만남 이후 그들은 장소를 바꿔가며 자주 만나 사랑을 나누었다. 줄리아는 스물다섯 살로 창작국에서 소설 제작기를 다루는 일을 하고 있었다. 그녀는 열여섯 살 때 첫사랑을 경험했는데 상대는 체포되기 직전 자살을 한 예순 살의 당원이었다. 그 후 그녀는 여러 명의 남자들과 관계를 가졌다. 사람들은 쾌락을 원하며 당은 그들의 쾌락을 허용하지 않는다.

줄리아는 성욕에 대한 이야기만 나오면 신경이 날카로워졌다. 당이 가하는 성의 통제를 누구보다도 잘 알고 있었다. 당이 성본능을 통제하는 이유는 성이 당의 통제를 뛰어넘는 어떤 독자적인 세계를 만들어내기 때문만은 아니었다. 더욱 중요한 것은 성적 박탈로 인한 히스테리를 유발시켜 그 히스테리를 전쟁열과 지도자 숭배로 전환시킨다는 것이다. 다시 말해 강력한 성적 본능의 힘을 당에 대한 충성심을 유발하는 추진력으로 삼고 있는 것이다. 성행위가 가능한 경우는 오로지 생산을 위한 도구로서 이용할 뿐이었다. 그녀는 윈스턴과 비밀스런 세계를 건설해 성적으로 살아 있다는 것을 스스로 증명해 보이고 싶었다.

차링턴 씨 가게

윈스턴은 차링턴 씨의 가게를 다시 방문해 2층 다락방에 올라갔다. 그는 줄리아와의 정사(情事)를 위해 차링턴 씨로부터 몇 달러 주고 이 방을 빌렸다. 그는 침대 가에 앉아 앞으로 자기에게 다가올 공포와 애정성 감방을 생각해 보았다. 공포 다음에는 죽음이 온다.

바로 그때 계단을 급하게 올라오는 발자국 소리가 들려왔다. 줄리아였다. 그녀는 어디에서 구했는지 커피와 설탕, 그리고 빵, 잼, 우유 따위를 가지고 왔다. 어떤 부인이 창문 아래 마당에서 빨랫줄에 빨래를 널며 노래를 부르고 있었다. 그들은 정사를 나눈 뒤 침대에 함께 누워 잠을 자고 있었다. 얼마 후 그들은 밖에서 들려오는 어린이들의 외침 소리에 잠에서 깼다. 시원한 여름밤, 이렇게 남녀가 실오라기 하나 걸치지 않고 침대에 누워 정사를 하고 싶으면 하고, 이야기를 나누고 싶으면 하고, 밖에서 들리는 평화스러운 소리를 들으며 누워 있고 싶으면 계속 누워 있었던 시절이 옛날에 있었는지 어땠는지 그는 생각해 보았다.

줄리아의 존재

사임이 사라졌다. 윈스턴의 예상대로 이제 그는 기록국에 소속된 적이 없는 사람이 되어 버렸다. 과거에도 존재하지 않았으며 현재에도 존재하지 않게 된 것이다.

윈스턴도 줄리아도 바빴다. 바쁜 와중에도 그들은 차링턴 씨 가게 2층 다락방에서 계속 만났다. 줄리아를 만난 이후 윈스턴은 매일 밤 술도 마시지 않았고, 아니 술을 마실 필요가 없게 되었다. 그리고 정맥류성 궤양도 가라앉았고 아침마다 일어나던 발작적인 기침도 멈추었다. 일상의 생활도 이제 지루하지 않았고 텔레스크린 앞에서 억지 표정을 지으며 고함을 지르고 싶은 충동도 일지 않았다.

윈스턴은 줄리아를 자주 만남에 따라 자신의 생각과 그녀의 생각에 차이가 있음을 알았다. 그녀 역시 당에 반항하지만 오직 허리 아래쪽으로만 반항할 뿐이었다. 그녀는 당의 강령에는 조금도 관심이 없었다. 영사의 원리, 이중사고, 과거의 변조와 객관적 사실의 부인, 신어의 사용법 등에 대해 이야기할 때마다 그녀는 싫증을 냈다. 그가 이런 문제를 끄집어내 열심히 설명하며 그녀를 이해시키려고 하다보면 그녀는 듣는 둥 마는 둥 하면서 잠을 자기 일쑤였다.

오브리언과의 만남

예상했던 일이 드디어 일어났다. 윈스턴이 청사의 긴 복도를 걷고 있을 때 어떤 사람이 뒤를 따라오고 있었다. 그는 오브리언이었다. 그들은 나란히 걸었다. 그는 윈스턴에게 정중히 말했다.

"자네하고 이야기를 좀 하고 싶었네. 전에 언젠가 『타임스』에서 신어에 대한 자네의 글을 읽은 적이 있네. 신어사전 제10판을 보았나?"

"아닙니다. 기록국에서는 아직도 제9판을 사용하고 있습니다." 윈스턴이 대답했다.

"난 미리 배포된 제10판을 가지고 있는데, 보고 싶은가?"

"예, 한번 보고 싶습니다."

"그럼 내 집에 들르게. 내가 없으면 하인이 사전을 내줄걸세." 오브리언이 말했다.

아마 사전 속에 메시지가 숨겨져 있을 것이다. 윈스턴은 그가 꿈꾸어 왔던 음모는 존재하고, 이제야 그 존재의 비밀을 풀게 된 것이라고 확신했다. 윈스턴의 투쟁의 첫 번째 단계는 비밀스럽고 자발적인 생각이었고, 두 번째 단계는 일기를 쓰기 시작한 것이었다. 즉, 생각을 글로 옮겼고 지금은 글을 행동으로 옮기는 것이다. 그런데 그 기회가 찾아온 것이다. 그는 두려움을 느꼈다. 전율감이 그의 온 몸에 휘몰아쳤다.

윈스턴의 꿈

줄리아와 함께 누워 잠을 자다가 윈스턴은 어머니에 대한 '꿈'을 꾸었다. 눈물이 눈가에 맺힌 채 잠에서 깨어났다. 그는 생각해 보았다. 그의 나이가 열 살 때쯤 아버지가 사라졌고 그 후 그의 어머니에게 갑작스런 변화가 찾아왔다. 지금까지 그는 그의 어머니가 죽었는지 살았는지 모른다. 어쩌면 강제 수용소로 보내졌을 가능성이 아주 높았다.

그는 두 달 전에 있었던 또 다른 꿈을 기억해 보았다. 그는 그 꿈을 일전에 보았던 영화와 연결시켜 생각해 보았다. 보트에 타고 있던 피난민 부인이 총알도 막아내려는 듯 어린 자식을 팔로 감싸고 있었다. 당의 목적은 바로 이런 부모 자식 간의 원초적인 본능조차 깡그리 없애는 것이었다. 눈물, 포옹, 죽어 가는 사람에게 던지는 말 한 마디 등 모든 인간관계를 말소시키는 것이었다. 그런데 노동자들에겐 아직 이런 것들이 존재하고 있다. 그는 노동자들이야말로 언젠가 생명을 되찾아 세계를 재건할 수 있는 숨어 있는 힘을 가지고 있는 존재라고 생각했다. 그들의 마음은 경직되지 않았다. 그들은 원초적인 감정을 가지고 있다.

윈스턴과 줄리아는 잡히더라도 서로를 배신하지 말 것을 다짐했다. 당에 자백은 하더라도 그들로 인해 서로를 사랑하지 않게 된다면 그것이야말로 배신이라는 것이었다. 아무리 뭐래도 감정만은 굴복하지 말자는 것이었다. 살아남는 것이 아니라 인간으로 남아 있는 것이 당을 부수는 가치 있는 일이었다.

오브리언 집 방문

결국 윈스턴과 줄리아는 오브리언을 만나보기 위해 그의 집을 방문했다. 내부당원들이 살고 있는 집은 외부당원들이 살고 있는 집과는 비교도 안 될 정도로 크고 호화로웠다. 집 안의 통로에는 부드러운 양탄자가 깔려 있었고 우윳빛이 나는 벽은 더할 나위 없이 깨끗했다. 윈스턴은 사람의 손때가 묻지 않은 벽을 본 적이 있는지 기억이 나지 않았다. 오브리언은 의자에서 천천히 일어나 그들을 침착하게 맞이했다. 이어 그는 텔레스크린을 껐다. 내부당원들은 필요시 텔레스크린을 끌 특권을 가지고 있었다.

"저희가 여기에 온 이유는 …… 어떤 음모가 있으리라고 믿습니다. 당에 대항하여 비밀리에 활동하는 어떤 단체가 있고, 당신이 거기에 관여하고 있으리라 생각합니다. 저희도 그 단체에 가입하고 싶습니다. 저희들은 사상범들입니다. 또한 간음자이기도 합니다. 당신의 도움을 바랍니다." 윈스턴이 비장하게 말했다.

윈스턴은 오브리언이 건네주는 포도주를 마셨다. 외부당원으로선 도저히 구할 수 없는 고급 포도주였다.

"골드스타인이라는 사람이 정말로 존재합니까?" 윈스턴이 물었다.

"그렇소, 살아 있소. 어디에 있는지는 모르지만……."

"그러면 그 음모도, 그 단체도 사실입니까? 사상경찰의 조작이 아닙니까?"

"다 사실이오. '형제단'이라고 부르고 있소. 자, 더 이상의 이야기는 다음에 하세." 오브리언이 말했다. 그리고 생명을 바칠 각오가 되어 있는지, 조국을 배신할 각오가 되어 있는지를 윈스턴에게 물어보았다. 그리고 사회를 파괴할 수 있는 책 한 권을 보내줄 테니 그것을 읽고 난 뒤에야 형제단의 완전한 일원이 될 수 있을 것이라고 덧붙였다.

윈스턴은 차링턴 씨의 가게 2층 다락방에 대해 오브리언에게 말해 주었다. 그는 골드스타인이 썼다고 하는 '그 책'을 가능한 빨리 보내주겠다고 하는 오브리언의 약속을 받은 후 집을 나왔다.

문제의 책

증오 주간의 6일 째 되는 날, 오세아니아는 이스트아시아와 전쟁 중이며 유라시아는 동맹국이라고 갑자기 발표되었다. 단지 유라시아가 적이 아니라 이스트아시아가 적이라는 것이었다. 그렇다면 지난 5년 동안의 정치 문서들이 이제는 완전히 쓸모없는 것이 되어 버렸다. 윈스턴은 상부의 지시에 따라 모든 것을 수정해야 했다. 유라시아와 전쟁 중이고 이스트아시아와는 동맹 관계에 있다는 모든 자료를 전부 폐기하고 다시 써야 했다. 이제 일이 어느 정도 끝나자 시간의 여유가 있었다.

윈스턴은 차링턴 씨 가게의 위층 방으로 갔다. 그는 '그 책'을 펼쳤다. 첫 장에 제목이 씌어 있었다.

과두정치의 집단주의적 이론과 실제
임마누엘 골드스타인 저

윈스턴은 '무지는 힘'이라고 적혀 있는 제1장을 읽기 시작하다가 갑자기 다른 장을 펼쳤다. '전쟁은 평화'라는 제목이 적혀 있는 3장이었다. 다음과 같이 적혀 있었다.

세계는 3대 초국가로 분할되어 있다. 유럽은 소련에 의해 합병되어 '유라시아'가 되었고, 미국과 대영제국은 합병되어 '오세아니아'가 되었다. 그리고 '이스트아시아'는 최근에서야 통일 국가로 등장했다. 이렇게 세 초국가들은 다른 한 초국가와 동맹을 맺어가며 끊임없이 전쟁을 해오고 있다. 3대 초국가 중 어느 나라도 동맹 관계에 있는 나머지 두 나라에 의해 절대 정복될 수 없다. 이들이 치르는 전쟁은 어떤 순수한 이념적 차이에서 비롯된 것도 아니요, 뚜렷한 명분도 목적도 없다. 전쟁의 직접적인 목적은 노동력 쟁탈전이다.

현대 전쟁의 제1목적은 전반적인 생활수준은 향상시키지

않으면서 기계제품을 완전히 소모시키는 것이다. 부의 전반적인 증가는 사회 파괴를 초래할 위험이 있다. 모든 사람들이 똑같이 빈곤에서 벗어나 여가를 향유하게 되면 소수의 특권층을 몰아내려고 하기 때문이다. 따라서 계층 사회는 오직 빈곤과 무지에 입각해서만 가능하다. 문제는 세계의 부를 증가시키지 않고 산업 장비를 계속 가동시키느냐 하는 점이다.

그에 대한 해답은 바로 끊임없는 전쟁뿐이다. 이 같은 전쟁을 통해서 인간의 생명 파괴가 아니라 인간 노동력의 산물만을 파괴하는 것이다. 3대 강국들은 서로를 정복할 수도 없고 정복할 의지도 없다. 오히려 세 강국이 분쟁을 계속하는 한, 그들은 세 다발의 옥수수단처럼 서로를 떠받치고 있는 것이다. 전쟁은 그들 각자의 목적과 이익을 위해 서로 간의 승리 없이 영원히 지속될 것이다. 때문에 '전쟁'이라는 용어의 본래의 의미는 사라지고 오세아니아 당이 내건 슬로건인 '전쟁은 평화'라는 말이 진정한 뜻이 되어 버린다.

윈스턴은 잠시 읽기를 멈추었다. 계단을 올라오는 발자국 소리가 들리더니 줄리아가 방에 들어왔다. 얼마 후 윈스턴은 줄리아의 몸을 껴안은 채 그녀에게 책을 읽어주기 시작했다.

3대 강국의 사회구조는 상·중·하의 계급으로 엄격히 계층화되어 있다. 상층 계급은 어떤 경우에도 전복되지 않고 영원히 지속된다. 오세아니아의 경우 사회의 전체적 구조는 피라미드에 비유할 수 있다. 그 정점에는 가공인물인 '빅브라더'가 있다. 빅브라더는 완벽하고 절대적인 존재다. 국가의 모든 것이 그의 영도력과 영감으로부터 온다. 그를 직접 본 사람은 아무도 없고 오로지 벽에 붙어 있는 대형 포스터에서 그의 얼굴을 보고 텔레스크린에서 그의 목소리를 들을 뿐이다. 그 아래에는 내부당이 있다. 내부당원의 숫자는 오세아니아 인구의 2%를 점유하는 600만 명 정도이다. 그 아래엔 외부당이 있고, 또 그 아래엔 전 인구의 85%에 해당하는 '프롤'이라고 하는 노동자들이 있다.

노동자들에게 있어 현실적인 반란이나 사전 모의는 거의 불가능하다. 그들은 반란을 일으킬 충동도 없을 뿐 아니라 세상이 바뀌어졌다고 하는 사실을 파악할 힘도 없이 그저 자식을 키우다가 죽어간다. 그리고 당원들은 죽을 때까지 하루 24시간 사상경찰의 감시를 받고 있다. 그들에게 선택의 자유란 전혀 없다. 당원들은 사적인 감정을 가져서는 안된다. 심지어 당이 흑을 백이라고 말하라고 하면 그렇게 하는 충성심을 보여야 한다. 이렇게 당이 당원들을 기계의 톱니바퀴처럼 철저히 장악하고 있는 수단은 '이중사고'라는 사고체계이다.

'이중사고'란 한 사람의 마음속에 동시에 두 개의 상반된 신념을 다 받아들이는 것을 의미한다. 어떤 사실들을 잊어버렸다가 필요할 때 다시 기억해내 재정리하고 뜯어 고쳐야 한다. 그런데 중요한 것은 자신이 그렇게 했다는 것을 잊어버려야 한다. 오세아니아를 통치하는 네 개의 성(省)의 이름도 사실을 교묘히 왜곡하고 있다. 평화성은 전쟁을, 진리성은 거짓말을, 애정성은 고문을, 풍부성은 굶주림을 관장한다. 그런데 이런 모순들을 진리로 받아들이는 것은 바로 이중사고에 대한 교묘한 훈련에 의해 가능하다.

윈스턴은 책을 읽다가 주위가 조용하다는 것을 알아차렸다. 줄리아가 잠들어 있었다. 그는 "온전한 정신이란 통계에 따른 것이 아니다."는 말을 중얼거리며 눈을 감았다.

체포

한 여자가 아래 마당에서 빨래를 널며 노래를 부르는 소리에 윈스턴은 잠에서 깨어났다. 그는 '그 책'을 끝까지 읽지 않았지만 그것이 골드스타인의 메시지임을 알았다. 그렇다. 만일 희망이 있다면 그것은 노동자들에게 있다. 미래는 노동자들에게 달려 있다. 노동자들은 불멸의 존재이다. 바로 마당에 있는 저 용감한 여자의 모습을 본다면 말이다. 저 힘센 여자들의 배에서 의식을 지닌 종족이 언젠가 태어날 것이다. 당신들은 죽은 자들이다. 미래는 노동자들의 것이다.

"너희들은 죽은 자다." 그들의 등 뒤에서 날카로운 음성이 들렸다.

드디어 일이 터지고 말았다. 벽에 붙어 있는 그림이 떨어지고 그 뒤에 텔레스크린이 보였다.

"집이 포위되었다." 또다시 음성이 들렸다.

윈스턴은 떨지 않았다. 한 사내가 곤봉을 손에 들고 그 앞에 나타나 그의 발목을 거칠게 걷어찼고 줄리아의 관자놀이를 주먹으로 후려쳤다. 얼마 후 차링턴이 방으로 들어왔다. 그의 얼굴이 날카롭게 변해 있었다. 빈틈없고 냉정한 얼굴이었다. 윈스턴은 처음으로 '사상경찰'을 보고 있었다.

제3부

오브리언의 정체

윈스턴은 자신이 애정성 어딘가에 끌려왔을 것이라고 생각했다. 갓을 씌운 전등에서 싸늘한 빛이 뿜어져 나왔고 공기를 배출하는 통풍기 소리가 나직이 들려왔다. 그는 꼼짝하지 않고 좁은 의자에 앉아 있었다.

이곳에 갇힌 지도 두 시간이 지났다. 윈스턴은 오브리언에 대해 생각했다. 그 역시 체포되었을 것이다. '형제단'은 결코 회원을 구하려 하지 않는다고 그가 말한 적이 있었다. 그 대신 면도날을 비밀리에 보내줄 것이다. 그 면도날로 자신의 몸을 베어야 한다. 그러나 윈스턴은 그것을 사용할 자신이 없었다. 얼마 후 감방 문이 열리더니 파슨스가 끌려 들어왔다. 그는 딸의 고발로 사상죄로 이곳에 끌려왔다고 말했다.

파슨스가 다른 곳으로 옮겨지고 윈스턴은 몇 시간 동안 혼자 감방 안에 있었다. 구두 소리가 들려오더니 문이 열리고 오브리언이 들어왔다. 윈스턴은 깜짝 놀랐다.

"당신도 역시 붙잡혀 왔군요!" 그가 말했다.

"잡혀 온 지 오래 되었지." 오브리언이 미묘한 웃음을 띠며 말했다. 그의 등 뒤에는 어깨가 벌어진 간수가 곤봉을 손에 쥐고 서 있었다.

"윈스턴, 나를 속이려 하지 말게. 난 자네가 이럴 줄 알고 있었지." 오브리언이 말했다.

오브리언의 뒤에 서 있던 간수가 순식간에 윈스턴의 팔꿈치를 내리쳤다. 그는 거의 마비가 되어 무릎을 꿇고 털썩 주저앉았다. 그는 그저 이 고통이 빨리 사라지기를 바랄 뿐 그 외 어떤 것도 생각나지 않았다. 고통 앞에서는 영웅도 없는 법이다. 그는 다른 팔로 얻어맞은 팔을 부둥켜안고 바닥에 뒹굴었다.

둘 더하기 둘은 다섯?

윈스턴은 간이침대에 누워 있었다. 오브리언이 그 옆에 서서 그를 내려다보고 있었고, 하얀 가운을 입은 사람이 주사기를 들고 그 맞은편에 서 있었다. 윈스턴은 처음 팔꿈치를 얻어맞은 후 며칠, 몇 주가 지났는지 알 수 없었다. 그는 얼마 동안 얼마나 많이 얻어맞았는지 기억이 나지 않았다.

그는 오브리언의 음성을 어렴풋이 듣고서 침대에서 몸을 일으켰다. 모든 것을 지시하는 자는 바로 오브리언이었다.

"윈스턴, 걱정하지 말게. 몇 년 동안 자네를 지켜보고 있었어. 내가 자네를 구해주지. 자네를 온전한 사람으로 만들어 주겠어."

오브리언이 손짓을 하자 갑자기 무시무시한 고통이 그의 몸에 밀려왔다. 전기 고문이었다. 몸뚱이가 뒤틀리고 뼈마디가 산산조각 부러져 흩어지는 것 같았다.

"이제 40도야. 숫자가 100까지 올라갈 수 있지. 내가 하는 말에 똑바로 대답을 하게." 오브리언이 말했다.

"예."

"지금 이 순간 오세아니아는 어느 나라와 전쟁을 하고 있지?"

"이스트아시아와 전쟁을 하고 있습니다."

"좋아, 오세아니아는 늘 이스트아시아와 전쟁을 하고 있었지, 그렇지 않나?"

"내가 체포되기 일주일 전에는 이스트아시아와 전쟁을 하지 않았습니다. 그들과 동맹을 맺고 있었습니다. 전쟁은 유라시아와 했습니다."

오브라이언이 말을 중단시켰다.

"과거를 지배하는 것에 대한 슬로건을 외어보게."

"과거를 지배하는 자는 미래를 지배하고, 현재를 지배하는 자는 과거를 지배한다!" 윈스턴이 말했다.

"과거의 사건이 존재하고 있는 어떤 구체적인 객체의 세계가 있는가?"

"없습니다."

"그렇다면 과거는 도대체 어디에 존재하는가?"

"기록 속에 존재합니다. 과거는 기록되는 것입니다."

"기록된다, 그러면……?"

"마음속에요, 인간의 기억 속에 말입니다."

"그러면 당이 모든 기록을 지배하고 또 기억을 지배한다면, 우리는 과거를 지배하는 것이 되지 않은가?"

"그렇지만 사람들의 기억을 어떻게 중단시킨단 말입니까? 기억은 지배하지 못하는 것입니다. 당신들은 내 기억을 지배하지 못합니다."

"윈스턴, 당이 진실이라고 내세우는 것은 무엇이나 다 진실이야. 당의 눈을 통하지 않고서는 진실을 볼 수 없어. 윈스턴, 이것이 자네가 새로 배워야 할 사실이야. 자네 기억하나? '자유란 둘에다 둘을 더하면 넷이 된다고 이야기할 수 있는 것이 자유다.' 라고 일기장에 쓴 것 말이야."

오브리언은 손가락 네 개를 펴보이며 그에게 몇 개인지 물어보았다. 윈스턴은 계속 네 개라고 답을 했다. 그러자 오브리언은 다이얼의 숫자를 60, 70, 80, 90까지 올리며 집요하게 물었다.

"네 개!, 다섯 개!, 네 개! 아니 다섯 개!, 다섯 개요! 그만 해요."

마침내 윈스턴은 네 개지만 다섯 개로 보고 싶다고 말했다. 그러자 오브리언은 얼굴에 싸늘한 미소를 지으며 그를 이곳에 데려온 이유는 자백을 받아내거나 벌을 주려는 것이 아니라 온전한 사람으로 만들어내기 위한 것이라고 말했다. 전제군주의 명령은 '이렇게 해서는 안 된다' 는 것이었고, 전체주의자의 명령은 '이렇게 해야 한다' 는 것이고, 자기들의 명령은 '너희들은 이렇게 되어 있다' 는 것이다.

"오세아니아는 자네가 태어나기 전부터 이스트아시아와 전쟁을 하고 있었어. 여태껏 단 한 번도 중단하지 않았지. 기억하겠나?" 오브리언이 윈스턴에게 다시 한 번 물었다.

"예."

"조금 전 내가 펼친 손가락은 다섯 개였어. 다섯 개를 본

것이 기억나는가?"

"예."

오브리언은 만족하듯 일어섰다. 그 옆에 서 있던 한 사람이 주사 약병을 열어 주사기에 약을 넣고 있었다. 주사 바늘이 윈스턴의 팔에 꽂혔다. 곧 그는 잠에 빠져들었다.

마지막 인간

윈스턴에게 학습, 이해, 수용이라는 세 단계의 치료가 이루어졌다. 이제 그 두 번째 단계에 접어들었다. 오브리언은 골드스타인이 썼다고 하는 그 책을 자신이 썼노라고 윈스턴에게 이야기하면서 말했다.

"자네도 알고 있듯이 무산계급은 절대로 반란을 일으키지 못하지. 자네가 어떤 반란을 꿈꾸고 있다면 단념하는 게 좋아. 당을 전복시킬 방법은 없어. 당은 영원한 것이야. 우리가 왜 권력에 집착하는지 그 이유를 알고 있나? 당은 완전히 그 자체의 이익을 위해 권력을 추구하는 것이야. 권력의 목적은 권력이야. 내 말 알아듣겠나? 우리 세계는 공포, 분노, 승리, 자기 비하 등의 감정 외에는 모조리 존재하지 않게 될 것이야. 우리는 부모 자식 간의 관계 등 모든 인간관계를 끊어 놓았지. 심지어 성교시 오르가즘도 없앨 거야. 신경학자들이 지금 연구 중에 있지. 사랑은 오로지 '빅브라더'에 대한 사랑

외에는 어떤 사랑도 없을 것이야."

윈스턴은 그의 말을 듣고 심장이 얼어붙는 듯했다.

"당신들은 그렇게 할 수 없을 것입니다."

"어째서?"

"공포, 증오, 잔인성으로 문명은 지탱될 수 없을 것입니다."

"왜?"

"생명력이 없으니까요. 삶이 당신들을 패배시킬 것입니다."

"바보 같은 소리. 자네는 무산계급이 우리를 전복시킬 거라는 환상에 사로잡혀 있는 것 같은데, 그런 생각은 버려. 그들은 짐승처럼 무력해. 인간성은 곧 당이야."

"하지만 그들이 당을 산산조각내고 말 것입니다."

"윈스턴, 자네는 인간이라고 생각하나? 자네가 인간이라면 자네는 '마지막 인간'이야. 자네와 같은 인간은 멸종되었어. 자네는 지금 존재하지도 않는 역사 밖에 있는 인물이야. 자네가 어떤 인간이라는 걸 보여주어야겠어."

오브리언은 윈스턴을 일으켜 세워 옷을 벗겼다. 오브리언은 그에게 거울 앞에 서라고 명령했다. 그는 거울 앞에 섰다. 몸이 꾸부정하고 해골 같은 몰골의 사람이 거울에 나타났다. 이마에서 머리 위까지 벗겨진 해골 같은 대머리. 찌그러진 광대뼈, 발목 근처에서 곪아 터진 정맥류성 궤양, 앙상한 갈빗대, 말라비틀어진 목, 온몸에 나 있는 시퍼렇게 멍든 자국, 차마 눈뜨고 보기에는 너무나도 끔찍한 다 죽어가는 60대 노인의 몰골이었다.

"자네는 썩어가고 있어. 불결한 덩어리에 불과해. 자, 자네 모습이 보이는가? 저게 '마지막 인간'이야. 만약 자네가 인간이라면, 저 꼴이 인간의 모습이야. 다시 옷을 입지."

윈스턴은 오브리언이 자신을 이렇게 만든 자라고 절규했다. 울음을 그치려고 했지만 눈물이 여전히 그의 뺨에서 흘러내리고 있었다.

"언제 나를 총살시킬 것이오?"

"오래 걸릴 거야. 자네를 완치시키고 난 뒤에 총살시킬 거야."

개조된 인간

윈스턴은 건강이 하루하루 좋아졌다. 살도 찌고 근육도 점점 늘어났다. 구부정했던 어깨도 차차 펴졌다. 그의 마음도 활기를 띠게 되었다.

그는 비로소 사상경찰이 자신을 7년 동안이나 감시하고 관찰해 왔다는 사실을 알게 되었다. 이제 그는 항복했다. 당이 옳았다. 당은 불멸하다. 그는 연필을 쥐고 '자유는 예속, 둘 더하기 둘은 다섯'이라고 서툴게 적었다.

그는 모든 걸 받아들였다. 과거는 바꿀 수 있다. 그러나 바꾸어진 적은 없다. 오세아니아는 이스트아시아와 전쟁을 했다. 오세아니아는 늘 이스트아시아와 전쟁을 해왔다. 이렇게 그는 스스로 훈련을 받고 있었다. 그는 눈을 감았다. '빅브라더'에 대해 생각했다. '빅브라더'에 대한 그의 진정한 감정은 무엇인가? 그때 오브리언이 감방 안으로 들어왔다.

"자넨 나아지고 있지만, 감정적으로는 진전이 없어. '빅브라더'에 대한 자네의 솔직한 감정은 무엇인가?" 오브리언이 물었다.

"나는 그를 증오합니다."

"그래, 그렇다면 마지막 방도를 취해야겠어. '빅브라더'께 복종하는 걸로 부족해. 그분을 사랑해야 해. 101호실로."

최후의 저항

그는 101호실로 옮겨졌다. 그곳에서 그는 고개를 옆으로 돌릴 수 없고 오직 정면만 쳐다볼 수 있도록 의자에 묶여졌다. 오브리언이 명령을 내리자 어떤 사람이 상자 같은 것을 가지고 들어왔다. 그것은 장방형의 철사로 만든 우리로 그 속엔 주둥이에 독바늘이 솟아 있는 흉측하게 생긴 큰 쥐가 몇 마리 들어 있었다. 윈스턴은 쥐들을 보자 피가 거꾸로 솟는 듯했고 구역질이 나기 시작했다. 미친 듯 발버둥쳐 보았지만 소용없었다. 오브리언은 우리를 그의 얼굴 1미터 앞에 들고 있었다.

"쥐들은 눈부터 파먹을 때도 있고 때로는 뺨을 뚫고 들어가 혓바닥을 게걸스럽게 먹어치울 때도 있지." 오브리언이 말했다.

그는 우리를 윈스턴의 얼굴 쪽으로 더 가까이 붙였다. 그놈들의 썩는 냄새가 코를 찔렀다. 윈스턴은 속이 울렁거리고 메스꺼워 의식을 잃고 말았다. 얼마 후 정신을 차려보니 이제 우리는 그의 얼굴로부터 단지 두 뼘 정도밖에 떨어져 있지 않았다. 윈스턴은 그놈들의 누런 이빨과 삐죽 튀어나온 수염을 볼 수 있었다. 그는 공포감에 사로잡혀 온몸에 소름이 돋고 얼어붙었다. 정신이 혼미하고 숨을 쉴 수가 없었다. 그는 이 형벌을 전가시킬 수 있는 오직 한 사람이 있다는 것을 갑자기 깨달았다. 그는 미친 듯 외쳐댔다.

"줄리아에게 해요! 내게 하지 말고 줄리아에게 하란 말이오!"

그는 철컥 하는 금속성 소리를 들었다. 그것은 우리 문이 열리는 소리가 아니라 닫히는 소리였다.

최후의 인간 사라지다

윈스턴은 체스트넛 트리 카페 한쪽 구석에 앉아 텅 빈 잔을 바라보고 있었다. 때는 15시였다. 텔레스크린에서 요란한 소리가 들려왔다. 그가 앉아 있는 맞은편 벽에는 '빅브라더가 당신을 주시하고 있다'라고 적혀 있는 대형 포스터가 붙어 있었다. 웨이터가 승리주 한 잔을 따라 주었다.

그는 석방된 후 살도 쪘고 혈색도 돌아왔지만 한 주제에 대해 마음을 집중할 수 없었다. 술을 마시지 않고는 하루하루를 살아갈 수 없었다. 술은 그에게 있어 생명이자 죽음이었다. 텔레스크린도 그를 나무라지 않았다. 그는 일주일에 두 번 정도 진리성에 있는 사무실로 출근해 약간의 작업을 하면 그만이었다. 그는 먼지 쌓인 탁자 위에 손가락으로 거의 무의식적으로 "2+2=5"라고 썼다.

그는 석방 후 줄리아를 한 번 만났었다. 3월 쌀쌀한 어느 날 공원에서 그녀를 만났다. 그들은 서로 냉랭하고 증오심이 가득한 눈길만을 보낼 뿐이었다. 그들은 서로 상대방을 배신했다고 말했다. 더 이상 할 이야기가 없었다. 그들은 서로 난처하게 앉아 있다가 헤어지고 말았다. 그는 그녀와 헤어지고 싶은 생각보다는 술과 탁자가 그리운 체스트넛 트리 카페로 돌아가고 싶었다.

텔레스크린에서는 여전히 뭔가를 지껄여댔다. 그는 공개재판의 피고석에 앉아 모든 걸 자백하고 용서를 받았었다. 이제 그의 영혼은 눈처럼 깨끗했다. 그는 하얀 타일을 깐 복도를 걸어가고 있었다. 바로 그때 무장한 어떤 사람이 그의 뒤에 나타났다. 오랫동안 기다렸던 총알이 그의 머리를 뚫었다.

그는 빅브라더의 얼굴을 올려다보았다. 저 콧수염 속에 숨겨진 미소의 의미를 아는 데 무려 40년이란 긴 세월이 걸렸던 것이다. 아, 잔인하고 부질없는 오해여! 아, 저 사랑스러운 품에서 벗어나 어리석게도 고집피우며 살아온 도피 생활이여! 두 줄기의 눈물이 술 냄새를 풍기며 코 옆을 타고 내렸다. 그러나 잘 되었다. 모든 게 잘 되었다. 투쟁은 끝났다. 그는 자신과의 싸움에서 승리를 했다. 그는 빅브라더를 사랑했다.

3 관련서 및 연보

우리말로 번역된 오웰의 다른 작품들을 몇 편 소개한다.

『파리와 런던의 밑바닥 생활』은 런던과 파리에서 겪은

뜨내기 생활을 바탕으로 쓴 작품으로

오웰이 런던과 파리에서 겪은 가난의 극한 상황이 잘 묘사되어 있다.

『제국은 없다』는 1922년부터 1927년까지

대영제국주의 경찰로서 버마에서 근무한 경험담을 토대로 쓴 작품으로,

작가의 반제국주의적 시각이 날카롭게 제시되어 있다.

『코끼리를 쏘다』는 주목할 만한 오웰의 산문을 골라 엮은

산문선으로 재미있게 읽힐 뿐 아니라

오웰의 문학사상과 그의 인간미를 이해하는 데 큰 도움이 된다.

조지 오웰 관련서

조지 오웰의 다른 작품들

『파리 · 런던 방랑기』 (김성태 · 김서기 공역, 서당, 1992)
『파리와 런던의 밑바닥 생활』 (신창용 옮김, 삼우반, 2003)

런던과 파리에서 겪은 뜨내기 생활을 바탕으로 쓴 작품. 오웰이 런던과 파리에서 겪은 가난의 극한 상황이 잘 묘사되어 있다. 특히 부랑자로 위장해 구빈원에 들어가 목격한 부랑자들의 비참한 생활상에 관해 리얼하게 묘사하고 있다.

『제국은 없다』 (박경서 옮김, 서지원, 2002)

1922년부터 1927년까지 대영제국주의 경찰로서 버마에서 근무한 경험담을 토대로 쓴 작품. 원제는 Burmese Days. 작가의 반제국주의적 시각이 날카롭게 제시되어 있다. 식민주의라는 정치적인 이데올로기에 빠져 이러지도 저러지도 못하는 주인공 플로리의 도덕적 딜레마가 잘 그려져 있다.

『코끼리를 쏘다』 (박경서 옮김, 실천문학사, 2003)

주목할 만한 오웰의 산문을 골라 엮은 산문선으로 재미있게 읽힐 뿐 아니라 오웰의 문학사상과 그의 인간미를 이해하는 데 큰 도움이 된다. 오웰은 소설가로서뿐 아니라 수필가라 해도 손색이 없을 만큼 빼어난 수필을 썼다. 「교수형」「코끼리를 쏘다」「마라케시」「구빈원」 등이 대표적 수필이다.

『카탈로니아 찬가』 (정효석 옮김, 풀무질, 1995)
『카탈로니아 찬가』 (정영목 옮김, 민음사, 2001)

오웰이 1936년 12월에서 1937년 6월까지 참전한 스페인 내전에서 얻은 체험을 바탕으로 쓴 작품. '인간다운 삶을 구현할 사회는 이룩될 수 있는가', '인간이 추구할 진리는 존재하는가'의 절실한 물음과 해답이 이 소설에 제시되어 있다. 이 소설은 오웰 정치사상의 중요한 전환점을 이루는 변천과정이 그려져 있다는 점에서 의의가 있다.

『동물농장』(김희진 옮김, 범우사, 1997)

『동물농장』(도정일 옮김, 민음사, 1998)

    1917년 러시아혁명에서부터 1943년 테헤란 회담에 이르기까지 러시아 역사에 걸친 일련의 정치 문제를 알레고리 수법을 이용해 그린 우화(寓話). 자세한 것은 본서 참조.

『1984년』(김병익 옮김, 문예출판사, 1999)

『1984년』(정회성 옮김, 민음사, 2003)

    미래의 전체주의 사회를 그린 반유토피아 소설. 자세한 것은 본서 참조.

    *『동물농장』과 『1984년』의 경우 예전부터 여러 출판사에서 번역 출간되어 위의 번역서 외에도 상당수 있음.

기타 참고도서

『오웰』(마이클 셸던, 김기애 옮김, 성훈출판사, 1992)

    광범위한 연구조사를 토대로 오웰의 삶을 충실히 추적, 재구성한 전기. 셸던은 이 책에서 오웰의 삶을 묘사하는 것으로만 그치지 않고 그의 삶을 작품들과 밀접히 연관시켜 설명함으로

써 그의 삶이 그의 문학에 얼마나 큰 영향을 끼쳤는가를 여실히 보여주고 있다.

「조지 오웰-자유, 자연, 반권력의 정신」 (박홍규, 이학사, 2003)

법학 교수가 쓴 오웰 평전. 아나키즘 관점에서 오웰의 삶을 추적할 뿐만 아니라 작품분석을 통해 그의 예술성도 다루고 있다.

「오웰과 1984년」 (레이몬드 윌리엄스 외, 김병익 편역, 문학과 지성사, 1984)

문제의 해인 1984년에 레이몬드 윌리엄스가 쓴 『오웰 Orwell』이라는 책과 로버트 A 리, 에리히 프롬, 어빙 하우, 그리고 역자의 글을 엮어 만든 오웰 문학 연구서. 정치작가로서의 오웰과 그의 문학을 이해하는 데 큰 도움이 된다.

「전체주의 연구」 (어빙 하우, 한태희 옮김. 지문사, 1984)

『1984년』이 다루고 있는 전체주의를 문학적·사회적인 맥락에서 분석한 연구서. 하우가 '전체주의'라는 공통의 주제를 가진 글들만 모아서 엮었다.

조지 오웰 연보

1903년

6월 25일 인도 벵갈(Bengal) 지방의 모티하리(Motihari)에서 영국 아편국 소속 인도주재 공무원인 아버지 리처드 웜즐러 블레어(Richard Walmesley Blair)와 어머니 아이다 메이블 리무진(Iad Mabel Limouzin) 사이에서 출생하다. 본명은 에릭 아서 블레어(Eric Arthur Blair).

1907년

누나 마조리(Marjorie)가 여섯 살이 되어 어머니는 마조리와 에릭을 데리고 영국으로 귀국한다. 에릭 가족은 옥스퍼드주(州)의 헨리 온 템스에서 새 가정을 꾸린다. 그의 어머니는 막내 에이브릴을 출산한다. 어머니는 남편이 1912년 귀국할 때까지 인도에서 부쳐주는 돈으로 세 명의 아이들을 키우며 생활한다.

1911년

여름에 성(聖) 시프리언스 예비학교(St. Cyprian's Preparatory School)에 입학하다.

1914년

10월 2일자 『헨리 앤드 사우스 옥스퍼드셔 스탠더드 *The Henley and South Oxfordshire Standard*』에 「깨어라, 영국의 젊은이들이여! *Awake! Young Men of England*」라는 시를 발표하다.

1917년

이튼스쿨(Eton School)에 국왕장학생으로 입학하다.

1918년

심한 폐렴으로 고생하다.

1921년

이튼스쿨 졸업하다.

1922년

6월 제국주의 경찰이 되기 위해 일주일 동안 시험을 치러 합격하다. 10월 27일 리버풀을 떠나 랭군으로 가는 기나긴 여정의 길에 오른다. 맨덜레이에 있는 경찰 훈련학교를 졸업하고 인도 제국주의 경찰로 버마에서 근무하기 시작하다.

1927년

휴가차 귀국했다가 경찰에 사직원을 제출하다. 작가의 길을 걷겠다고 마음먹고 초겨울 런던의 포토벨로 로드(Portobello Road)에서 하층민과 어울리며 뜨내기 생활을 하다.

1928년

1월 1일자로 사직원 수리되다. 봄에 파리로 건너가 근로자 지구의 포 드 퍼(Pot de Fer)라는 거리에 있는 한 허름한 호텔의 작은 방 하나를 얻어 무명 작가의 길을 걷기 시작하다. 최초의 글인 「영국에 대한 비판」이 10월 6일자 『몽드』지(誌)에 실리다. 12월 29일 『G.K. 위클리 G.K.'s Weekly』에 「싸구려 신문 A Farthing Newspaper」이라는 글이 실려 영국에서 그의 글이 처음으로 선보이다.

1930년

『파리와 런던에서의 밑바닥 생활 Down and Out in Paris and London』 집필하다.

1931년

8월 초 『파리와 런던에서의 밑바닥 생활』의 타자 친 원고를 조나단 케이프(Jonathan Cape) 출판사에 제출하다.

1932년

4월 런던 서쪽 헤이즈에 있는 호손스 남자 고등학교(Hawthorns High School for Boys)에서 교사생활을 하다.

1933년

『파리와 런던에서의 밑바닥 생활』을 몇 군데의 출판사에서 출판 거절을 받은 후 1월 9일 골란츠(Gollancz)사(社)에 의해 조지 오웰(George Orwell)이라는 필명으로 출간되다. 이 소설은 『선데이 익스프레스 Sunday Express』지에 의해 금주의 베스트셀러로 선정되다. 『제국은 없다 Burmese Days』 집필 시작하다. 크리스마스를 며칠 앞두고 네 번째 폐렴의 징조로 억스브리지 카티지 병원에 입원하다.

1934년

『목사의 딸 A Clergyman's Daughter』 집필 시작하다. 『제국은 없다』 미국의 하퍼스(Harper's)사에 의해 출간되다. 런던의 햄스테드에 있는 '북러버스 코너(Booklovers' Corner)'라는 서점에서 점원으로 일하기 시작하다.

1935년

『목사의 딸』이 골란츠에서 출간되다.

1936년

영국 북부지방의 실업실태와 그곳의 생활환경에 대한 소설을 쓰기 위해 1월 31일 북부로 떠나다. 3월 30일 북부에서의 일을 마치고 런던으로 돌아오다. 4월 30일 『엽란이여 날아라 Keep the Aspidistra Flying』 골란츠에서 출간되다. 5월 아일린 모드 오쇼네시(Eileen Maud O'Shaughnessy)와 결혼해 왈링턴에서 신

혼생활을 하다. 스페인 전쟁이 발발하자 스페인으로 가서 마르크스주의 통일 노동자당(POUM) 의용군에 가담하다. 이후 115일 동안 아라곤(Aragon) 전방에서 복무한다.

1937년

3월 『위건 부두로 가는 길 The Road to Wigan Pier』이 골란츠에서 출간되다. 5월 아라곤 전투에서 목에 총알을 맞아 치명적 부상을 입었지만 구사일생으로 살아난다. 6월 아내와 함께 프랑스를 경유해 영국으로 돌아온다.

1938년

각혈이 심해 3월 프레스톤 홀(Preston Hall) 요양원에 입원한다. 『카탈로니아에 대한 경의 Homage to Catalonia』를 세커 앤드 워버그(Secker and Warburg)사(社)에 의해 출간되다. 9월 아내와 함께 모로코 여행을 떠나다.

1939년

일본 배를 타고 카사블랑카(Casablanca)에서 런던으로 돌아온다. 『공기를 위하여 부상 Coming Up for Air』을 골란츠에 의해 출간되다. 제2차 세계대전 발발. 9월 9일 전쟁이 선포된 지 6일 만에 전쟁에 참여키 위해 영국 중앙등기부에 자원해서 이름을 제출했으나 폐가 나빠 입대 불가 판정을 받다.

1940년

3월 『고래 뱃속에서 Inside the Whale』가 골란츠에 의해 출간되다. 6월 신체검사가 까다롭지 않은 민방위대에 자원해 제5런던 대대의 하사가 되다. 이후 3년간 근무한다.

1941년

2월 『사자와 일각수 *The Lion and the Unicorn*』 세커 앤드 워버그에 의해 출간되다. BBC 방송국에서 대담 진행자, 뉴스 해설 집필자 등의 일을 하다.

1942년

『허라이즌 *Horizon*』 『트리뷴 *Tribune*』 등에 기고하다.

1943년

9월 BBC에 사표를 제출하다. 『트리뷴』의 문예 담당 편집자로 15개월 동안 일을 하다. 동(同)지에 고정 칼럼 「내 좋을 대로 *As I Please*」를 기고하다.

1944년

양자를 들이고 이름을 리처드 호레이쇼 블레어(Richard Horatio Blair)라고 짓다. 『동물농장 *Animal Farm*』을 탈고하다.

1945년

독일의 패망과 프랑스의 사정을 취재해 『옵서버』와 『맨체스터 이브닝뉴스』에 글을 싣기 위해 파리로 건너가다. 아내 아일린이 자궁제거 수술 중 심장마비로 사망하다. 8월 『동물농장』이 세커 앤드 워버그에 의해 출간되고, 출판 2주 만에 초판 매진되다. 인기에 힘입어 1945~1946년 사이 신문 및 잡지에 130편이 넘는 기사와 서평이 쏟아져 나오다. 1946년 가을 유모 겸 가정부인 수잔 왓슨과 아들 리처드를 데리고 스코틀랜드의 외딴 섬 주라(Jura)의 반힐로 향하다. 두 번째 아내가 될 소니아 브라우넬(Sonia Brownell)이라는 여성을 친구 코놀리 집에서 만나다.

1946년

2월 『비평 수필 Critical Essays』 세크 앤드 워버그사에 의해 출판되다. 8월 『1984년 Nineteen Eighty-Four』 50페이지 정도까지 쓰다. 10월 런던으로 돌아오다.

1947년

주라섬을 다시 방문하다. 이곳에서 11월 『1984년』 초고를 폐렴과 투쟁하며 완성시킨 후 폐 전문 병원인 헤어머스 병원에 입원하다.

1948년

천신만고 끝에 『1984년』 탈고하다. 12월 초 타이핑 작업이 끝난 원고를 세크 앤드 워버그사로 보내다.

1949년

6월 『1984년』 세크 앤드 워버그사에 의해 출간되다. 9월 초 런던에 있는 유니버시티 칼리지 병원에 입원하다. 10월 13일 병실 침대 옆에서 소니아와 간략한 결혼식을 거행하다.

1950년

1월 25일 수요일 스위스에 있는 요양원으로 가기로 되어 있던 중 1월 21일 마흔일곱 살의 나이로 숨을 거두다. 템스 강변에 있는 올 세인츠(All Saints) 교회에 안장되다.

1968년

미망인과 이언 앵거스(Ian Angus)가 공동으로 『조지 오웰 에세이, 저널, 편지 모음집 Collected Essays, Journalism and Letters of George Orwell』을 4권으로 간행하다.

주註

1) 정전: 문학의 기성체제에서 비평가들의 묵시적인 합의를 통해 위대하다고 인정한 작품과 작가를 가리키는 문예비평 용어. 오늘날 소위 세계명작이라고 일컫는 '정전'은 다른 주변화된 집단의 작품은 배제한 채 주로 백인 남성 비평가들과 교육자들로 이루어진 특권적 엘리트 집단에 의해 형성되었다는 비난을 받고 있다.
2) 조지 오웰, 『코끼리를 쏘다』, 박경서 옮김(실천문학사, 2003), 77쪽.
3) 루드야드 키플링의 시 「백인의 짐 The White Man's Burden」이라는 시에서 유래한 말로, 키플링은 이 시에서 인도 식민지의 미개사회란 결국 백인이 떠맡아야 할 '짐'이라고 밝히고 있다.
4) 키플링의 이야기는 주로 더위, 무료함, 극도의 피로감, 질병 등 고독하고 억압적인 식민지의 환경 속에서 열심히 일하는 자의식적인 주인공에 대한 것이다. 그의 세계에서는 백인들은 자기들끼리만 서로 뭉쳐야 하며 원주민들은 그들의 충성스러운 하인들이지만 그들과의 우정은 절대 불가능하다.
5) 마이클 셸던, 『오웰』, 김기애 옮김(성훈 출관사, 1992), 110쪽 재인용(특히 조지 오웰의 전기에 관한 내용은 이 책에서 도움을 많이 받았다는 사실을 밝힌다).
6) 푸카 사히브: '주인 나리'라는 뜻으로 인도 피식민지 원주민들이 백인 지배자들을 높여 부르는 말.
7) 조지 오웰, 『제국은 없다』, 박경서 옮김 (서지원, 2002), 98쪽.
8) George Orwell, *The Road to Wigan Pier*(Harmondsworth: Penguin Books, 1989), 134~138쪽.
9) 이스트엔드: 런던 동부의 하층민들이 많이 사는 지역.

10) Sonia Orwell & Ian Angus ed., *The Collected Essays, Journalism and Letters of George Orwell*, volume 2(Harmondsworth: Penguin Books, 1970), 37쪽. 이후부터 이 책은 *CEJL* 및 권수만 표기하기로 함.
11) 구빈원: 1601년 영국 최초로 제정된 구빈법(救貧法)을 개정한 1834년의 신 구빈법에 따라, 자립할 능력이 없는 사회적 빈곤자들을 수용하는 공공부조 시설. 디킨스는 『올리버 트위스트』에서 올리버라는 인물을 통해 구빈원의 실상을 생동감 있게 표현하고 있다.
12) 『코끼리를 쏘다』, 26~27쪽.
13) 『코끼리를 쏘다』, 39쪽.
14) *The Road to Wigan Pier*, 21~25쪽.
15) *The Road to Wigan Pier*, 18쪽.
16) 이 소설은 프랑스 왕정복고 시대의 대토지 소유자와 농민의 문제를 다루고 있다. 특히 전통적인 토지 귀족층과 산업 부르주아지와의 갈등을 보여주고 있다.
17) 프랑코(1892~1975): 스페인의 장군, 정치가. 1936년 '인민전선정부'가 수립되자 그해 7월 반(反)정부 쿠데타를 일으킴. 그 후 2년 반에 걸친 내전에서 승리하여 팔랑헤당의 일당 독재에 의한 파시즘 국가를 수립하였다.
18) George Orwell, *Homage to Catalonia*(London: Penguin Books, 1989), 188쪽.
19) 공화파(인민전선) 정부는 POUM을 위시해 '전국 노동자 연맹 CNT', '카탈로니아 통일사회당 PSUC' 등에 소속된 의용군과 국제 의용병으로 결성된 국제여단으로 구성되어 있었다.
20) 트로츠키주의자: 러시아의 혁명가 트로츠키의 사상과 그것에 의거한 운동의 추종자 혹은 지지자. 스탈린은 소련 이 외의 국가에서 노동자 계급이 정권을 장악하는 혁명이 일어날 경우 여파가 소련까지 미쳐 소련의 노동자 계급의 봉기로 이어져 자신의 정권이 파멸될지도 모른다는 두려움에 차 있었다.
21) *The Road to Wigan Pier*, 138쪽.
22) *CEJL*, vol. 1, 591쪽.
23) *CEJL*, vol. 1, 301쪽.
24) *Homage to Catalonia*, 184쪽.
25) 어빙 하우, 『소설의 정치학』, 김재성 옮김(화다, 1988), 9쪽 재인용.
26) 『소설의 정치학』, 11쪽.

27) *CEJL*, vol.3, 271쪽.
28) 이 글에서 오웰은 이런 유파에 속하는 작가들로 이탈리아의 작가 이그나치오 실로네, 프랑스의 작가 앙드레 말로, 헝가리 태생의 영국 작가 아서 케스틀러 등을 들어, 이들은 당대의 정치와 역사를 기록하려고 애를 쓰고 있다는 점에서 찬사의 대상이 된다고 지적하면서, 영국에는 이런 정치적·사회적 인식으로 무장된 작가들이 없음을 개탄하고 있다.
29) 버마: 오늘날 정식 국가 명칭인 미얀마 연방(Union of Myanmar)의 옛 이름. 1989년 국명이 바뀌었다.
30) 『코끼리를 쏘다』, 77쪽 참조.
31) 『코끼리를 쏘다』, 83~84쪽.
32) *CEJL*, vol.2, 152쪽.
33) *CEJL*, vol.4, 461쪽.
34) James Joyce, *A Portrait of the Artist as a Young Man* (Harmondsworth: Penguin Books, 1969), 215쪽.
35) *CEJL*, vol.1. 507쪽.
36) 오웰은 '인정하기'에 대해 다음과 같이 구체적으로 정의하고 있다. "우리 자신들의 시대와 같은 시대에서 '나는 인정한다.'라고 말하는 것은 여러분들이 포로수용소, 고무 곤봉, 히틀러, 스탈린, 폭탄, 비행기 깡통 식량, 기관총, 반란, 숙청, 슬로건, 탄약 상자, 가스 마스크, 잠수함, 스파이, 선동가, 언론 검열, 비밀 투옥, 아스피린, 할리우드 영화, 정치 살인자 등을 인정한다고 말하는 셈이 된다."(*CEJL*, vol.1, 548쪽).
37) 요나: 구약성서에 나오는 인물로 『요나』서(書)의 주인공. 이 책 1장에는 하나님의 말씀에 불순종하는 요나의 모습이 묘사되어 있다. 하나님의 명령을 거부하다가 항해 중에 큰 풍랑을 만난 요나는 물에 빠져 고래 뱃속에서 3일간 지내다가 기적적으로 살아났다.
38) 『코끼리를 쏘다』, 83쪽.
39) 『코끼리를 쏘다』, 88쪽.
40) 『코끼리를 쏘다』, 89쪽.
41) 『코끼리를 쏘다』, 90쪽.
42) 이러한 인간소외를 불러일으키고 개인성을 말살하고 사실을 왜곡·조작하는 체계를 '오웰리즘(Orwellism)'이라 부른다.
43) 트로츠키: 1905년 러시아 혁명과정에서 중심 역할을 한 공산주의 혁명가.

1917년 볼셰비키당에 입당하여 세계 공산주의 운동의 중요한 지도자로 부상하여 모든 정책 부문에서 영향을 행사했다. 그러나 스탈린과 극도의 대립관계를 유지하다 27년 당에서 축출되고 29년에 소련에서 추방당했다. 그 뒤 그는 죽을 때까지 스탈린주의에 맞서 진정한 공산주의의 전통을 살리고 그것을 혁명조직으로 구현하기 위해, 이길 가망도 없는 영웅적 투쟁을 벌였다. 그는 스탈린에게는 눈엣가시 같은 존재로 스탈린에 의해 계속 추적을 당해왔다. 그는 터키, 프랑스, 노르웨이를 떠돌다가 멕시코 산악지방에까지 숨어들었는데, 1940년 8월 20일 국가정치보위부 소속 비밀경찰 요원인 라몬 메르카데르가 그의 머리에 내리친 등산용 곡괭이에 맞아 숨을 거두었다. 그의 시신은 멕시코에 묻혔다(본 책에서 트로츠키에 대한 내용은 레온 트로츠키, 『배반당한 혁명』(김성훈 옮김, 갈무리, 1995)과 던컨 핼러스, 『트로츠키 사상의 이해』(최일붕 옮김, 책갈피, 1994)를 참조했음).
44) 테헤란 회담: 제2차 세계대전 중인 1943년 11월 28일 미국의 루스벨트, 영국의 처칠, 소련의 스탈린이 이란의 수도 테헤란에 모여 3국의 협력과 전쟁수행 의지를 표명한 회의.
45) 상트페테르부르크 서쪽 핀란드만에 위치한 크론슈타트에서 1921년 1만 5000여 명의 수병과 시민들이 '볼셰비키 없는 소비에트'의 슬로건을 내걸고 궐기한 사건이다. 대규모 군대를 동원해 진압했다.
46) *CEJL*, vol.3, 459쪽.
47) George Orwell, *Animal Farm* (Harmondsworth: Penguin Books, 1989), 5쪽.
48) *Animal Farm*, 6쪽.
49) *Animal Farm*, 6쪽.
50) *Animal Farm*, 37쪽.
51) *Animal Farm*, 82쪽.
52) *Animal Farm*, 45쪽.
53) *Animal Farm*, 73쪽.
54) *Animal Farm*, 90쪽.
55) 어빙 하우 편저, 『전체주의 연구』, 한태희 옮김(지문사, 1984), 29쪽.
56) 『소설의 정치학』, 250쪽.
57) Isaac Deutscher, "1984-The Mysticism of Cruelty" in *George Orwell: A Collection of Critical Essays*, ed. Raymond Williams (Englewood Cliff: Prentice Hall, 1974), 119쪽.

58) George Orwell, *Nineteen Eighty-Four* (Harmondsworth: Penguin Books, 1989), 3쪽.
59) Erich Fromm, *The Sane Society* (London: Routledge & Kegan Paul, 1976), 360쪽.
60) *Nineteen Eighty-Four*, 37쪽.
61) *Nineteen Eighty-Four*, 84쪽.
62) 게오르그 루카치, 『역사와 계급의식—마르크스주의 변증법적 연구』, 박정호 · 조만영 옮김(거름, 1986), 164쪽.
63) *Nineteen Eighty-Four*, 72~73쪽.
64) *Nineteen Eighty-Four*, 74쪽.
65) 레이몬드 윌리엄스 외, 『오웰과 1984년』, 김병익 편역(문학과 지성사, 1984), 237쪽 참조.
66) Ian Watt, "Winston Smith: Last Humanist", in *On Nineteen Eighty-Four*, ed. Peter Stansky (New York: W.H. Freeman and Company, 1983), 113쪽.

조지 오웰

펴낸날	초판 1쇄 2005년 6월 20일
	초판 4쇄 2019년 12월 18일

지은이	박경서
펴낸이	심만수
펴낸곳	(주)살림출판사
출판등록	1989년 11월 1일 제9-210호

주소	경기도 파주시 광인사길 30
전화	031-955-1350 팩스 031-624-1356
홈페이지	http://www.sallimbooks.com
이메일	book@sallimbooks.com

ISBN	978-89-522-0392-5 04800
	978-89-522-0394-1 04800(세트)

※ 값은 뒤표지에 있습니다.
※ 잘못 만들어진 책은 구입하신 서점에서 바꾸어 드립니다.